Philippe Soupault

Poèmes et Poésies

Bernard Grasset
PARIS

Philippe Soupault/Poèmes et Poésies

Au fond, on le sait depuis toujours : les enfants sont probablement tous poètes; est poète quiconque garde au-dedans de soi-même une grande part d'enfance. Ce n'est pas si commun car cette faculté d'émerveillement, cette disponibilité qui persistent encore durant l'adolescence, la société y met bon ordre. La poésie, c'est autre chose, un autre état d'esprit devant le monde et la vie, un autre sens des responsabilités. Les adultes assurent que les enfants, comme les poètes, sont des êtres encore inadaptés et jouets de leur imagination, distrayants parfois mais absolument inutiles. Aux yeux des adultes, des responsables sérieux et efficients, organisateurs de famines et de destructions diverses, la poésie n'est pas une disposition d'esprit mais un jeu assez vain. Ces digressions ne sont pas hors de propos quand on aborde la poésie d'un homme qui est parvenu envers et contre tout à conserver sa liberté — sa liberté d'esprit, précisons bien, car pour le reste il faut bien rappeler qu'il s'est retrouvé dans un lit d'hôpital militaire en 1917 ou dans une prison vichyssoise en 1942, et puis encore « le bureau quotidien avec téléphones à l'appui, la pauvreté sans pain ni cravate, la journée de huit heures... ». Et Soupault d'énumérer tout cela sans amertume, avec juste un haussement d'épaules, un petit regret vite passé; puis d'allumer une nouvelle cigarette dont la banale fumée bleue lui paraît toujours plus belle.

Pour un homme qui a si volontiers écrit ses souvenirs sur les autres, Philippe Soupault a finalement très peu laissé connaître sa vie intime. Grâce à un ou deux livres comme Histoire d'un Blanc, *on sait au moins ce qu'ont été ses jeunes années : celles d'un gosse de riches se sentant de plus en plus à l'étroit dans une famille et une société bourgeoises* avec lesquelles il s'empressera de rompre au sortir de l'adolescence. Entre-temps, la lecture des contes de Grimm, de Jules Verne ou des aventures de Nick Carter l'avait préoccupé bien plus que l'étude de la géométrie ou de l'histoire de France. C'est au cours de séjours à l'étranger, entre quatorze et dix-sept ans, que se dessine sa vocation : « Le Rhin m'avait émerveillé, Londres me donna le vertige. Le port. J'étais décidément ivre. Je devins poète. »

Poète, sans doute, mais l'heure n'est pas à l'écriture de poèmes puisque la déclaration de guerre de 1914 l'arrache à cette ville de Londres qui le fascine. Il a dix-sept ans, il n'a plus qu'un an avant d'être en âge pour le service armé, c'est-à-dire l'abêtissement et la boucherie. C'est pourtant durant une période de vacance mentale sur un lit d'hôpital que lui vient un premier poème. Il l'intitule « Départ » ; alors le poème est bref et constitué d'une suite de notations sans lien rhétorique ou logique entre elles. S'il manque de complexité, au moins ne manque-t-il pas de nouveauté car, de ce point de vue, seuls sont allés aussi loin ses aînés, Apollinaire, Cendrars et Reverdy, dont il n'ignore sans doute pas certaines œuvres. « Départ » envoyé à Apollinaire, celui-ci le remet à Pierre Albert-Birot qui le publie dans le numéro de mars 1917 de sa revue SIC. A dix-neuf ans, voici Philippe Soupault parmi l'avant-garde la plus radicale, avec un poème venu « comme ça », au hasard d'une disponibilité d'esprit et d'une fraîcheur du regard qu'André Breton jugera toujours enviables. Même si Soupault en vient à se départir assez vite de ce style brisé, les premiers poèmes de cette époque qu'il regroupe dans Aquarium (1917) ne sont pas des œuvres de jeunesse puisqu'ils se situent à l'extrême pointe des recherches du moment. Il a d'emblée le ton, il n'aura pas à vieillir, il ne vieillira pas.

Après la publication de son premier poème, tout ira très vite. Il fait la connaissance d'Apollinaire qui l'introduit dans son petit groupe d'écrivains et de peintres et lui présente un jeune homme qui s'appelle André Breton. La publication d'Aquarium lui vaut une critique flatteuse de

Pierre Reverdy pourtant peu coutumier du fait. Nous sommes à la fin de 1917. Breton, avec lequel il s'entend décidément très bien, lui présente un autre jeune poète, Louis Aragon. Ils vont former un trio si inséparable que pendant plusieurs années on les appellera « les trois mousquetaires ». La guerre prend fin mais celui qui les a aidés et réunis, Apollinaire, meurt. C'est à la fin de l'année 1918. Grâce à un petit apport d'argent échu à Soupault, les trois amis parviennent à faire paraître en mars une revue, Littérature. *Trois mois plus tard, Breton et Soupault assis à une même table écrivent ensemble, aussi vite que le leur permet l'écriture, sans réfléchir et sans raturer, en quelques jours, les proses et poèmes fulgurants des* Champs magnétiques. *L'écriture automatique est ainsi découverte. Avec ce livre, c'est définitivement qu'est tournée une page de la littérature.*

Les Champs magnétiques *nous amènent directement au surréalisme, histoire bien connue, ponctuée d'anecdotes, de succès et de scandales. Dégoûtés par les massacres de la récente guerre, refusant de tout recommencer comme avant, parmi des hommes de lettres, Soupault et ses amis se joignent d'enthousiasme au mouvement dada de Tristan Tzara. Les dadaïstes nient toutes les valeurs morales et esthétiques, balaient tout et retrouvent l'insouciance dévastatrice et joueuse de l'enfance – Ah, l'enfance : voyez les « chansons » de 1919 ! A partir de la table rase de dada, le surréalisme veut reconstruire et changer le monde.* Georgia *que Soupault publie en 1936 est l'un des livres majeurs de ces premières années du mouvement. C'est l'époque où Breton écrit* Poisson soluble *et Eluard* Capitale de la douleur, *où Aragon promène son* Paysan de Paris.

Pour Soupault lui-même la vie quotidienne est cependant devenue difficile. Revenons en arrière. Au lendemain de la guerre, la production, le profit, une belle carrière ne l'intéressaient décidément pas. Ses parents auraient voulu faire de lui un meneur d'hommes – un peu comme son oncle Louis Renault, le génie de la famille qui avait si bien réussi dans les voitures et les blindés, et que Soupault moquera férocement dans son roman le Grand Homme... *Soupault préférait être un explorateur, un éclaireur, gens qui vont de l'avant et généralement seuls dans des contrées réelles ou imaginaires, au contraire des touristes et des hommes de lettres qui ne vont jamais que là où tout le monde veut aller. Mais les explorateurs, les éclaireurs ne rapportent que quelques coquillages ou peut-être des fleurs bizarres, un fragment d'épave ou des bribes, des récits colorés et trop dépaysants pour un grand public. (Voyez-vous cela, se dit la société : c'était bien la peine d'aller si loin et d'y gaspiller son temps pour si peu d'avantages! En somme, ce sont des ratés.) Derrière ses volutes de fumée le poète de quatre-vingt-dix ans rit toujours autant de se savoir un raté. Il est vrai qu'il y en a eu d'autres; de Villon au Douanier Rousseau, il n'est pas en si mauvaise compagnie. Il a aussi de nombreux amis qui n'ont pas fait non plus une belle carrière : Artaud et Crevel, les « suicidés de la société », W. C. Williams, obscur médecin de banlieue avant d'être, après sa mort!, le principal poète américain du siècle, ou bien Masson, le vieux peintre plus qu'à demi paralysé dont les autorités se demandent encore en 1987 s'il est vraiment un grand artiste.*

Que le jeune Soupault écrive des poèmes avait consterné sa famille, mais quel scandale pour elle quand il sera dadaïste et publiera des livres ahurissants à un âge où il aurait dû songer à son avenir. Rejeté par une famille qui ne comprend pas qu'en réalité c'est lui qui l'a rejetée en même temps que les valeurs bourgeoises, Soupault va devoir trimer pour gagner sa vie. Bien que vivant souvent d'expédients ou grâce à des protecteurs comme le couturier Jacques Doucet, ses amis surréalistes n'admettront pas qu'il se serve de sa grande facilité pour écrire de toutes les façons : au moment même où naît le mouvement surréaliste avec le Manifeste *de Breton (1924), Soupault va publier des romans, des études, des articles, toute une littérature qu'il expédie allégrement et souvent avec un réel bonheur (*Histoire d'un Blanc, le Voyage d'Horace Pirouelle *et surtout les* Dernières Nuits de Paris *n'ont pas pris une ride). Plus* *sérieusement, les surréalistes savent que Soupault se défie de certaines options que Breton expose dans ses écrits théoriques : les médiums, les voyantes, l'occultisme ou bien l'adhésion à un parti politique, fût-il réputé révolutionnaire, ne sont pas de son goût. Au cours d'une de ces réunions régulières où les surréalistes se retrouvent et dont Soupault se dispense le plus souvent, parce qu'il voyage ou parce qu'il s'y ennuie, il est « exclu » du mouvement, en même temps qu'Artaud et Roger Vitrac.*

Le fait de n'être plus « officiellement » dans le mouvement n'empêche pas des œuvres authentiquement surréalistes de venir encore sous la plume de Soupault; ainsi les Dernières Nuits de Paris *(1928) et ses poèmes des années trente* (Bulles Billes Boules, Étapes de l'enfer, Sang Joie Tempête) *qui sont parmi les plus beaux qu'il ait jamais écrits. Presque tous sont marqués par un sourd désespoir et le sentiment d'un monde à vau-l'eau qui cadrent mal avec l'image qu'on a trop souvent d'un Soupault d'une totale désinvolture. On y trouve même des poèmes carrément engagés : le pacifisme rageur de* Fils de la guerre, *écrit, il est vrai, alors que durant ses voyages il voyait monter la menace fasciste et une nouvelle guerre.*

En 1934 Soupault publie son dernier roman, les Moribonds, *encore un portrait corrosif de la bourgeoisie, puis plus rien pendant presque dix ans, hormis ses* Poésies complètes *qu'il rassemble en 1937. Après ce silence il publie de nouveau sous la pression des circonstances. Sorti des prisons tunisiennes et réfugié à Alger en 1943, le poète y fait paraître trois plaquettes : ses* Souvenirs sur James Joyce *parce qu'il vient d'apprendre la mort de son ami irlandais;* Tous ensemble au bout du monde, *une pièce pour railler le régime de Vichy; et enfin* Ode à Londres bombardée, *un douloureux poème de guerre où souffle pourtant l'espoir.*

Après la guerre, sans cesser de voyager à travers le monde, Soupault publie plusieurs plaquettes de poèmes et, en 1949, regroupe ce qu'il appelle des « chansons ». Rien à voir avec les produits musicaux aux paroles raccrocheuses : lesdites chansons ont certes des rythmes simples et une forme vaguement régulière mais leur ton, leurs images et leurs enchaînements relèvent de l'écriture automatique. Encore une plaquette de poèmes en 1953, Sans phrases, *puis Soupault semblera négliger l'écriture, ne publiant plus que quelques souvenirs ou études sur l'art et la littérature. Durant les années soixante il se tient à l'écart des milieux littéraires et n'a guère qu'un haussement d'épaules désabusé pour son œuvre. Il faut attendre 1973 pour que paraisse enfin le gros volume des* Poèmes et Poésies 1917-1973 *aux éditions Grasset qui le tire de la solitude où il se complaisait. Quelques poèmes paraîtront parcimonieusement dorénavant, dans les revues ou plus rarement en plaquettes, ainsi que de très nombreuses rééditions de ses livres antérieurs – notons par exemple ce titre significatif,* Poèmes pour mes amis les enfants. *Il n'en est pourtant ni plus ni moins négligent qu'autrefois pour son œuvre propre. Combien de poèmes ne sont-ils pas encore égarés dans d'anciennes revues oubliées, combien n'en a-t-il pas tout simplement perdus? Soupault est un de ces hommes qui aujourd'hui comme hier vivent dans le présent. Ses souvenirs qui font l'objet de plusieurs volumes ne sont pas nostalgiques d'un « bon temps » qui est un leurre; il les regarde plutôt en historien. De tous les gens célèbres qu'il a connus, il n'a pas tiré de collection; les manuscrits, les lettres ou les éditions originales, il les a donnés ou on les lui a volés; il n'a pas de tableaux de valeur et je ne lui connais guère que quelques livres auxquels il tient parce que des amis très chers comme Apollinaire ou Reverdy les lui ont dédicacés. Il n'a d'ailleurs même pas le tiers de ceux qu'il a publiés lui-même parce qu'il trouve qu'il a beaucoup trop écrit. C'est vrai. Ce n'est pas vrai.*

Soupault est de ceux dont on a dit souvent: il ne changera donc pas? Il sera donc toujours le même! avec un reproche dans la voix et de la jalousie au cœur. Il l'a écrit dans un de ses plus beaux poèmes: « Quand on est jeune c'est pour la vie ». Tenez-vous-le pour dit.

SERGE FAUCHEREAU.

POÉSIES

1917-1937

DÉPART

L'heure
Adieu

La foule tournoie
un homme s'agite
Les cris
des femmes autour de moi
chacun se précipite me bousculant
Voici que le soir tombant
j'ai froid

Avec ses paroles j'emporte son sourire

LES MOIS

Depuis des heures le soleil ne se levait pas
une lampe faible et les seize lits rangés   la routine
mais pas seulement la routine   l'esclavage
Quelques éclairs réguliers
Couché sur mon lit j'écoutais la joie des autres esclaves
et le bruit de leurs chaînes
Ils passent se raidissent et chantent
Une figure se penche
Figure toi   tu ne peux pas savoir
La nuit augmente jusqu'au lever du soleil
Une gare   une gare

L'oubli

Oh j'ai chaud
Il fut le premier médecin qui vint près de moi
HOPITAL AUXILIAIRE 172
Des regards une toux   la routine
mais pas seulement la routine l'esclavage
chaque jour un chant très doux
livres vous m'écoutiez
Il fut le deuxième médecin
Il écouta ma respiration et battre mon cœur
Ses cheveux sont noirs et gris

Au son du gramophone les jours passèrent et dansèrent
la routine
mais pas seulement la routine l'esclavage
je sortis pour aller vivre

Une lettre
Le chant est plaintif aujourd'hui
elle a beaucoup de fièvre ce soir
les yeux surtout les yeux
Le roulement du métro effraya les jours qui s'en allèrent
à la file indienne

Il semble que le soleil baisse
L'heure
Vingt-deux lits d'où hurlent quelques-uns
Tiens je m'assois par terre   encore longtemps
Il fut le troisième médecin
il écouta ma respiration et battre mon cœur
Allez   il était chauve
Il faut se baisser pour passer
le couloir est gris et les carreaux cassés   un arbre
l'herbe pousse près des murs sales
Liberté
je jette sur le boulevard toute ma fatigue
Les fenêtres ferment leurs verticales paupières
Mes souvenirs bondissent dans ce calme
farandole
et je leur prends la main
Qu'êtes-vous devenus compagnons
la brume est épaisse   aveuglante
Sans attitudes   des visages

L'autre jour vendredi je crois tu m'abordas
Tes yeux étaient pleins de souvenirs
mais tu avais perdu ton nom
Nous nous étions crispés ensemble
et je te serrai la main en y laissant ce poème

LUEUR

N'est-ce pas là-bas une cloche a sonné
des pensées qui tombent en s'éteignant
Avance
Une tige part en fusée
la mort suit l'épanouissement

je courbais le dos pensant à ma concierge

PROMENADE

Deux voix se choquaient en rebondissant
on dirait la mer
et voici des arbres
les pas les paroles et les troncs râpeux
là-haut le soleil choisit des feuilles mortes

Deux voix se choquaient en rebondissant
Paris n'est pas loin
le train s'inclinant tourne minuscule
le calme est bruyant
la route s'en va mélancoliquement
Douze doigts poilus effraient quelques nuages
Une pomme de pin tape à ton chapeau

Deux voix se choquaient en rebondissant
ainsi qu'un souvenir qui grinçait des dents
la molle mousse est là et la liberté
une branche se penche
regarde là-bas
les voix sont passées
Trois rochers ventrus acceptent mes bras

JE RENTRE

Mon chapeau se cabosse
j'entends maintenant les aboiements récents
la fenêtre m'applaudit aussitôt
et ma table sourit

je regarde au loin le bouton de sonnette
et le vent actif agace mes cheveux
l'être innombrablement ailé je le suis aussitôt
je partis oubliant mon cerveau

SOUHAIT

Des oiseaux volent sur place et pépient
Je suis las de venir et de revenir
le lac calme
le raide peuplier
Tandis que le tramway bouscule une auto
Les arbres branlent la tête car la route s'en va
Que mes lèvres s'arrondissent
Ami
Modèle ton cerveau
les oiseaux angle filent
Où vas-tu
un fruit va tomber
il faudra sauter
la branche plie
les nuages
les nuages sont pesants la colline se courbe

un obus éclate
les jours sont sans nom et lourds les rondins
Encore trente-cinq minutes
Est-ce oiseau ou souvenir
Puis viennent les journaux qui vous parlent d'hier

Que veux-tu
le temps passe

VOL

Tout est devenu gris et plat
derrière la vitre des livres meurent
Je vois bien d'ailleurs que les voitures s'en vont
et là-bas
j'ai franchi le seuil
les souvenirs fusent
les projets fusent
ma main s'agite

QUAI

Les pêcheurs sont des sentinelles
une ligne indique le ciel
Demain sera moins gris qu'hier
Un morceau de bois qu'entraîne le courant
ma pensée
un miroitement
des péniches dociles
le fil

le grouillement du pont
m'appelle

SOUFFRANCE

à Guillaume Apollinaire

Si tu savais si tu savais
Les murs se resserrent
Ma tête devient énorme
Où sont donc parties les lignes de mon papier

Je voudrais allonger mes bras pour
secouer la tour Eiffel et le Sacré-Cœur de Montmartre
Mes idées comme des microbes dansent sur mes
      méninges
au rythme de l'exaspérante pendule
Un coup de revolver serait une si douce mélodie

Dans le praxinoscope de mon crâne
les taxis
les tramways
les autobus
les bateaux-mouches cherchent en vain à se dépasser
Mes livres vont exploser
Puis six coups sonores s'abattent

Intran Liberté Presse

ANTIPODES

Le souffle d'une pensée fait tourner la mappemonde illuminée

Dakar Santiago Melbourne

Abandonner ses chaînes
Un désir balaie les pensées mortes
Il reste encore un peu de feu dans la cheminée
Un sourire dans sa mémoire

Java

Ce même vent ferme les livres
Assourdissant silence
Il neige et le soleil troue le carreau
Une tendresse oubliée meuble la chambre close

Tananarive

La valise et la montre
18 heures 39
Le cri des locomotives déchire le tumulte
On a toujours derrière soi une ombre qui s'attarde

Nagasaki

Un coup de sifflet est un bref adieu
En quittant le port on songe aux rendez-vous inutiles
On voit la terre qui s'en va
On regarde l'horizon qui fuit

San Francisco

A table

J'aurais bien dû tout de même faire sauter la maison

FLAMME

Une enveloppe déchirée agrandit ma chambre
Je bouscule mes souvenirs
On part

J'avais oublié ma valise

MARCHE

Le 17 février je suis parti
Où
A l'horizon des fumées s'allongeaient
J'ai sauté par-dessus des livres

Des gens riaient
Mon désir me prend par le bras
Je voudrais repousser les maisons
Aller plus vite
Le vent
Il a bien fallu que je tue mes amis

La nuit ne m'a pas fait tomber
Je me suis enveloppé dans ma joie
Le cri des remorqueurs m'accompagnait
Je ne me suis pas retourné
Il y avait tant de lumières dans la ville sonore

En revenant tout est changé
J'ai cassé mes idées immobiles
Mes souvenirs maculés je les ai vendus

RAG-TIME

à Pierre Reverdy

Le nègre danse électriquement
As-tu donc oublié ton pays natal et la ville de Galveston
Que le banjo ricane
Les vieillards s'en iront enfin
le long des gratte-ciel grimpent les ascenseurs
les éclairs bondissent
Tiens bonjour
Mon cigare est allumé
J'ai du whisky plein mon verre
mon cigare est allumé
j'ai aussi mon revolver

Le barman a tort de sourire
on ne cherche plus à savoir l'heure
la porte infatigable
les ampoules
ma main

n'est-ce pas

ESCALADE

à *Louis Aragon*

Il fait chaud dans le ministère
la dactylographe sourit en montrant ses lunettes
On demande le sous-secrétaire
toutes les portes sont fermées
la statue du jardin est même immobile
les machines à écrire bégayent
et le téléphone insiste
Est-ce que je vais savoir encore courir
la gare n'est pas loin
un tramway rampe jusqu'à Versailles
On m'avait dit qu'il y avait un accident tout près d'ici
je ne pourrai donc pas entendre le hennissement des nuages
La tour Eiffel lance ses rayons aux îles Sandwich

Gutenberg 24-19

HORIZON

à Tristan Tzara

Toute la ville est entrée dans ma chambre
les arbres disparaissaient
et le soir s'attache à mes doigts
Les maisons deviennent des transatlantiques
le bruit de la mer est monté jusqu'à moi
Nous arriverons dans deux jours au Congo
j'ai franchi l'Equateur et le Tropique du Capricorne
je sais qu'il y a des collines innombrables
Notre-Dame cache le Gaurisankar et les aurores boréales
la nuit tombe goutte à goutte
j'attends les heures

Donnez-moi cette citronnade et la dernière cigarette
je reviendrai à Paris

JE MENS

à André Breton

Ma chambre est meublée de souvenirs des Iles
Et la mer est tout près
Ou le métro
Un livre dit un mot
Ne me demande pas d'allumer
Vos voix sont des fleurs
Là-bas ou même ici
Vous êtes morts sans doute
Je n'entends plus
Mais quoi
Quelquefois nous marchons en parlant de la pluie ou du beau
    temps

Nous rions

A LOUER

à Philippe Soupault

Le soleil dort devant la porte
à droite ou à gauche

                              à la même heure

le vent se lève

                              la nuit vient

ENTRÉE LIBRE

les nuages se noient dans le miroir

                              à tous les étages
                              tous les murs ont des oreilles

tout près d'ici
les arbres ont des colliers de cris
les yeux au ciel

                              on perd la tête

DANGER DE MORT

AH

L'Intran l'Heure la Liberté

la Liberté

DIMANCHE

L'avion tisse les fils télégraphiques
et la source chante la même chanson
Au rendez-vous des cochers l'apéritif est orangé
mais les mécaniciens des locomotives ont les yeux blancs
la dame a perdu son sourire dans les bois

WESTWEGO (1917-1922)

à M.L.

Toutes les villes du monde
oasis de nos ennuis morts de faim
offrent des boissons fraîches
aux mémoires des solitaires et des maniaques
et des sédentaires
Villes des continents
vous êtes des drapeaux
des étoiles tombées sur la terre
sans très bien savoir pourquoi
et les maîtresses des poètes de maintenant

Je me promenais à Londres un été
les pieds brûlants et le cœur dans les yeux
près des murs noirs près des murs rouges
près des grands docks
où les policemen géants
sont piqués comme des points d'interrogation
On pouvait jouer avec le soleil
qui se posait comme un oiseau
sur tous les monuments
pigeon voyageur
pigeon quotidien

Je suis allé dans ce quartier que l'on nomme Whitechapel
pèlerinage de mon enfance
où je n'ai rencontré
que des gens très bien vêtus
et coiffés de chapeaux hauts de forme
que des marchandes d'allumettes
coiffées de canotiers

qui criaient comme les fermières de France
pour attirer les clients
penny penny penny
Je suis entré dans un bar
wagon de troisième classe
où s'étaient attablés
Daisy Mary Poppy
à côté des marchands de poissons
qui chiquaient en fermant un œil
pour oublier la nuit
la nuit qui approchait à pas de loup
à pas de hibou
la nuit et l'odeur du fleuve et celle de la marée
la nuit déchirant le sommeil

c'était un triste jour
de cuivre et de sable
et qui coulait lentement entre les souvenirs
îles désertées orages de poussière
pour les animaux rugissants de colère
qui baissent la tête
comme vous et comme moi
parce que nous sommes seuls dans cette ville
rouge et noire
où toutes les boutiques sont des épiceries
où les meilleures gens ont les yeux très bleus

Il fait chaud et c'est aujourd'hui dimanche
il fait triste
le fleuve est très malheureux
et les habitants sont restés chez eux
Je me promène près de la Tamise
une seule barque glisse pour atteindre le ciel
le ciel immobile

parce que c'est dimanche
et que le vent ne s'est pas levé
il est midi il est cinq heures
on ne sait plus où aller
un homme chante sans savoir pourquoi
comme je marche
quand on est jeune c'est pour la vie
mon enfance en cage
dans ce musée sonore
chez madame Tussaud
c'est Nick Carter et son chapeau melon
il a dans sa poche toute une collection de revolvers
et des menottes brillantes comme des jurons
Près de lui le chevalier Bayard
qui lui ressemble comme un frère
c'est l'histoire sainte et l'histoire d'Angleterre
près des grands criminels qui n'ont plus de noms

Quand je suis sorti où suis-je allé
il n'y a pas de cafés
pas de lumières qui font s'envoler les paroles
il n'y a pas de tables où l'on peut s'appuyer
pour ne rien voir pour ne rien regarder
il n'y a pas de verres
il n'y a pas de fumées
seulement les trottoirs longs comme les années
où des taches de sang fleurissent le soir
j'ai vu dans cette ville
tant de fleurs tant d'oiseaux
parce que j'étais seul avec ma mémoire
près de toutes ses grilles
qui cachent les jardins et les yeux
sur les bords de la Tamise
un beau matin de février

>   *trois Anglais en bras de chemise*
>   *s'égosillaient à chanter*
>   *trou la la trou la la trou la laire*

Autobus tea-rooms Leicester-square
je vous reconnais je ne vous ai jamais vus
que sur des cartes postales
que recevait ma bonne
feuilles mortes
Mary Daisy Poppy
petites flammes
dans ce bar sans regard
vous êtes les amies qu'un poète de quinze ans
admire doucement
en pensant à Paris
au bord d'une fenêtre
un nuage passe
il est midi
près du soleil
Marchons pour êtres sots
courons pour être gais
rions pour être forts

Etrange voyageur voyageur sans bagages
je n'ai jamais quitté Paris
ma mémoire ne me quittait pas d'une semelle
ma mémoire me suivait comme un petit chien
j'étais plus bête que les brebis
qui brillent dans le ciel à minuit
il fait très chaud
je me dis tout bas et très sérieusement
j'ai très soif j'ai vraiment très soif
je n'ai que mon chapeau
clef des champs clef des songes
père des souvenirs

est-ce que j'ai jamais quitté Paris
mais ce soir je suis dans cette ville
derrière chaque arbre des avenues
un souvenir guette mon passage
C'est toi mon vieux Paris
mais ce soir enfin, je suis dans cette ville
tes monuments sont les bornes kilométriques de ma fatigue
je reconnais tes nuages
qui s'accrochent aux cheminées
pour me dire adieu ou bonjour
la nuit tu es phosphorescent
je t'aime comme on aime un éléphant
tous tes cris sont pour moi des cris de tendresse
je suis comme Aladin dans le jardin
où la lampe magique était allumée
je ne cherche rien
je suis ici
je suis assis à la terrasse d'un café
et je souris de toutes mes dents
en pensant à tous mes fameux voyages
je voulais aller à New York ou à Buenos Aires
connaître la neige de Moscou
partir un soir à bord d'un paquebot
pour Madagascar ou Shang-haï
remonter le Mississipi
je suis allé à Barbizon
et j'ai relu les voyages du capitaine Cook
je me suis couché sur la mousse élastique
j'ai écris des poèmes près d'une anémone sylvie
en cueillant les mots qui pendaient aux branches
le petit chemin de fer me faisait penser au transcanadien
et ce soir je souris parce que je suis ici
devant ce verre tremblant
où je vois l'univers
en riant
sur les boulevards dans les rues

tous les voyous passent en chantant
les arbres secs touchent le ciel
pourvu qu'il pleuve
on peut marcher sans fatigue
jusqu'à l'océan ou plus loin
là-bas la mer bat comme un cœur
plus près la tendresse quotidienne
des lumières et des aboiements
le ciel a découvert la terre
et le monde est bleu
pourvu qu'il pleuve
et le monde sera content
il y a aussi des femmes qui rient en me regardant
des femmes dont je ne sais même pas le nom
les enfants crient dans leur volière du Luxembourg
le soleil a bien changé depuis six mois
il y a tant de choses qui dansent devant moi
mes amis endormis aux quatre coins
je les verrai demain
André aux yeux couleur de planète
Jacques Louis Théodore
le grand Paul mon cher arbre
et Tristan dont le rire est un grand paon
vous êtes vivants
j'ai oublié vos gestes et votre vraie voix
mais ce soir je suis seul je suis Philippe Soupault
je descends lentement le boulevard Saint-Michel
je ne pense à rien
je compte les réverbères que je connais si bien
en m'approchant de la Seine
près des Ponts de Paris
et je parle tout haut
toutes les rues sont des affluents
quand on aime ce fleuve où coule tout le sang de Paris
et qui est sale comme une sale putain
mais qui est aussi la Seine simplement

à qui on parle comme à sa maman
j'étais tout près d'elle
qui s'en allait sans regret et sans bruit
son souvenir éteint était une maladie
je m'appuyais sur le parapet
comme on s'agenouille pour prier
les mots tombaient comme des larmes
douces comme des bonbons
Bonjour Rimbaud comment vas-tu
Bonjour Lautréamont comment vous portez-vous
j'avais vingt ans pas un sou de plus
mon père est né à Saint-Malo
et ma mère vit le jour en Normandie
moi je fus baptisé au Canada
Bonjour moi
Les marchands de tapis et les belles demoiselles
qui traînent la nuit dans les rues
ceux qui gardent dans les yeux la douceur des lampes
ceux à qui la fumée d'une pipe et le verre de vin
semblent tout de même un peu fades
me connaissent sans savoir mon nom
et me disent en passant Bonjour vous
et cependant il y a dans ma poitrine
des petits soleils qui tournent avec un bruit de plomb
grand géant du boulevard
homme tendre du palais de justice
la foudre est-elle plus jolie au printemps
Ses yeux ma foudre sont des ciseaux
chauffeurs il me reste encore sept cartouches
pas une de plus pas une de moins
pas une d'elles n'est pour vous
vous êtes laids comme des interrogatoires
et je lis sur tous les murs
tapis tapis tapis et tapis
les grands convois des expériences

près de nous près de moi
allumettes suédoises

Les nuits de Paris ont ces odeurs fortes
que laissent les regrets et les maux de tête
et je savais qu'il était tard
et que la nuit
la nuit de Paris allait finir
comme les jours de fêtes
tout était bien rangé
et personne ne disait mot
j'attendais les trois coups
le soleil se lève comme une fleur
qu'on appelle je crois pissenlit
les grandes végétations mécaniques
qui n'attendaient que les encouragements
grimpent et cheminent
fidèlement
on ne sait plus s'il faut les comparer
au lierre
ou aux sauterelles
la fatigue s'est elle envolée
je vois les mariniers qui sortent
pour nettoyer le charbon
les mécaniciens des remorqueurs
qui roulent une première cigarette
avant d'allumer la chaudière
là-bas dans un port
un capitaine sort son mouchoir
pour s'éponger la tête
par habitude
et moi le premier ce matin
je dis quand même
Bonjour
Philippe Soupault

GEORGIA

Je ne dors pas Georgia
je lance des flèches dans la nuit Georgia
j'attends Georgia
je pense Georgia
Le feu est comme la neige Georgia
La nuit est ma voisine Georgia
j'écoute les bruits tous sans exception Georgia
je vois la fumée qui monte et qui fuit Georgia
je marche à pas de loups dans l'ombre Georgia
je cours voici la rue les faubourgs Georgia
Voici une ville qui est la même
et que je connais pas Georgia
je me hâte voici le vent Georgia
et le froid silence et la peur Georgia
je fuis Georgia
je cours Georgia
les nuages sont bas ils vont tomber Georgia
j'étends les bras Georgia
je ne ferme pas les yeux Georgia
j'appelle Georgia
je crie Georgia
j'appelle Georgia
je t'appelle Georgia
Est-ce que tu viendras Georgia
bientôt Georgia
Georgia Georgia Georgia
Georgia
je ne dors pas Georgia
je t'attends
Georgia

CRÉPUSCULE

Un éléphant dans sa baignoire
et les trois enfants dormant
singulière singulière histoire
histoire du soleil couchant

UN DEUX OU TROIS

Recherchons les enfants
les parents des enfants
les enfants des enfants
les cloches du printemps
les sources de l'été
les regrets de l'automne
le silence de l'hiver

SAY IT WITH MUSIC

Les bracelets d'or et les drapeaux
les locomotives les bateaux
et le vent salubre et les nuages
je les abandonne simplement
mon cœur est trop petit
ou trop grand
et ma vie est courte
je ne sais quand viendra ma mort exactement
mais je vieillis
je descends les marches quotidiennes
en laissant une prière s'échapper de mes lèvres
A chaque étage est-ce un ami qui m'attend
est-ce un voleur
est-ce moi
je ne sais plus voir dans le ciel
qu'une seule étoile ou qu'un seul nuage
selon ma tristesse ou ma joie
je ne sais plus baisser la tête
est-elle trop lourde
Dans mes mains je ne sais pas non plus
si je tiens des bulles de savon ou des boulets de canon
je marche
je vieillis
mais mon sang rouge mon cher sang rouge
parcourt mes veines
en chassant devant lui les souvenirs du présent
mais ma soif est trop grande
je m'arrête encore et j'attends
la lumière
Paradis paradis paradis

CALENDRIER

La fumée des cigares
la chaleur des maisons
la lumière des océans et des rivières
sont nos chers compagnons
Et pourtant notre ingratitude est sans bornes
comme nos regards comme notre voix
Nous passons avec notre rire
pour mieux voir les bonheurs des dames
et les paradis des enfants
Nous ne savons pas qu'il existe quelque part
une île
un désert
pour les petits
Aujourd'hui et demain
comme deux mains croisées
supportent malgré tout la chaleur des années
Nous pouvons courir
et nous pouvons mourir
la pluie sera pour nous la chère bienvenue
son visage sanglant et ses mains croisées
supportent elles aussi la chaleur des années

SWANEE

Mes mains tremblent
comme celles d'un brave garçon d'alcoolique
pour les caresses
mes cheveux tombent
comme des larmes
comme des plumes
et mes dents sont noires de colère
On voit de petits champs de courses
et de vastes champs de tabac
dans mes yeux
on voit des orangers en fleurs
des buissons de monnaie-du-pape
quand je ris
quand je pleure
on ne voit rien
Quatre Quatre Quatre
Ma vie est un bouton de nacre
Ma vie est un enfant à quatre pattes
Ces histoires que l'on raconte
et toutes celles que l'on racontera
sont longues
Comme des fumées sans feu
Et puis il y a moi
Mes oreilles sont bien à moi
Comme mes oiseaux
et posées sur le visage pour l'esthétique
On dit oui ou on dit non
et je me cache dans la fumée
de ma bonne cigarette
qui craque
et qui dit oui et qui dit non
quand j'enfile mon veston

et qu'avec toute la gravité désirable
je prends un peigne le matin
je ne regarde pas dans la glace
en disant Quel joli garçon
mais je vois une petite pendule
qui fait tac tac
et qui m'ennuie Swanee
comme le calendrier de mon grand-père

MARÉE BASSE

Je songe à tous les vents
simoun sirocco et mousson
à vous phénomènes et typhons
tandis qu'ici tout craque
et que la chaleur épaisse comme la neige
se répand dans le silence
O Lune simplicité oracle
qu'un vent de crépuscule
réduit en lucioles
O Lune tout t'abandonne
toi l'amie du silence ennemie des vents
Plus loin est-ce toi qui mènes les nuages
paître
au-delà de la nuit
tout t'abandonne tout te fuit
obéissante moins aimée
mes yeux se ferment grâce à toi
et ta douceur se répand
dans les veines de la terre
Je songe à vous absents ivres ou dormeurs
vents de terre et de mer
vous qui apprenez qu'il faut vivre
avec des ailes
ou dormir sans scrupules
quand les oiseaux vos enfants
cueillent les étoiles de la nuit et du sommeil
vents des continents
roses vous tremblez
vous qui préférez le supplice du crépuscule

FLEUVE

Couloir longitudinal des grands bâtiments souterrains
tendance obscure des lions parasites
ô lune affreuse qui court comme une grande lueur
fleuve
les sillages des bateaux sont tes cheveux
la nuit est ton manteau
les reflets qui dorment sur toi sont tes écailles
personne ne veut plus te connaître
tu coules des yeux de cette étoile inconnue
pleurs fertilisants
mais jamais nous ne connaîtrons ta source pâle
ton adorable bouche
et ton vagissement prolongé dans les champs de ta naissance
A chaque arbre qui se penche vers toi tu dis
Passe mon ami mon frère et regarde devant toi
les espoirs sont moisis
Il n'y a plus que ce Dieu magnifique
miséricorde
et ces grands appels là-bas très près de mon cœur
cours si tu peux jusqu'à lui
Mais ne sais-tu pas que la nuit t'étranglerait
avec ses mains sanglantes
Adieu mon frère mon ami sourd
je ne sais plus si ce fleuve qui est ton frère te reverra
jamais
Fleuve sinueux comme des lèvres
et comme le serpent qui dort dans ce gazon savoureux
brebis maternelle
troupeau de lueurs

LE PIRATE

Et lui dort-il sous les voiles
il écoute le vent son complice
il regarde la terre ferme son ennemie sans envie
et la boussole est près de son cœur immobile
Il court sur les mers
à la recherche de l'axe invisible du monde
Il n'y a pas de cris
pas de bruits
Des chiffres s'envolent
et la nuit les efface
Ce sont les étoiles sur l'ardoise du ciel
Elles surveillent les rivières qui coulent dans l'ombre
et les amis du silence les poissons
Mais ses yeux fixent une autre étoile
perdue dans la foule
tandis que les nuages passent doucement
plus forts que lui
lui
lui

COMRADE

Petits mois petites fumées
et l'oubli en robe de laine
une porte s'ouvre tendrement
près du mur où naît le vent
près du jardin bienheureux
où les saints et les anges
ont peur des saisons
Les allées n'ont pas de noms
ce sont les heures ou les années
je me promène lentement
vêtu d'un paletot mastic
et coiffé d'un chapeau de paille noire
Je ne me souviens pas
s'il fait beau
je marche en fumant
et je fume en marchant
à pas lents
Quelquefois je me dis
Il est temps de s'arrêter
et je continue à marcher
Je me dis
Il faut prendre l'air
Il faut regarder les nuages
et respirer à pleins poumons
Il faut voir voler les mouches
et faire une promenade de santé
Il ne faut pas tant fumer
je me dis aussi
Calculons
je me dis encore
j'ai mal à la tête
Ma vie est une goutte d'eau sous ma paupière

et je n'ai plus vingt ans
Continuons
Les chansons sont des chansons
et les jours des jours
je n'ai plus aucun respect pour moi
mais je vois des voyous
qui fument les mêmes cigarettes que moi
et qui sont aussi bêtes que moi
Je suis bien content
sans vraiment savoir pourquoi
Il ne suffit pas de parler du soleil
des étoiles
de la mer et des fleuves
du sang des yeux des mains
Il est nécessaire bien souvent
de parler d'autres choses
On sait qu'il y a de très beaux pays
de très beaux hommes
de non moins charmantes femmes
mais tout cela n'est vraiment pas suffisant
Le vide étourdissant
qui sonne et qui aboie
fait pencher la tête
On regarde et on voit
encore beaucoup d'autres choses
qui sont toujours les mêmes
innombrables
identiques
Et là-bas simplement
quelqu'un passe
simple comme bonjour
et tout recommence encore une fois
je lis dans les astres la bonne volonté de mes amis
dans un fleuve j'aime une main
j'écoute les fleurs chanter
Il y a des adieux des oiseaux

Un cri tombe comme un fruit
Mon Dieu mon Dieu
je serai donc toujours le même
la tête dans les mains
et les mains dans la tête

STUMBLING

Quel est ce grand pays
quelle est cette nuit
qu'il regarde en marchant
autour de lui
autour du monde
où il est né
Les pays sont des secondes
les secondes de l'espace
où il est né
Les doigts couverts d'étoiles
et chaussé de courage
il s'en va
Rien ne finit pour lui
Demain est une ville
plus belle plus rouge que les autres
où le départ est une arrivée
et le repos un tombeau
La ligne d'horizon
brille
comme un barreau d'acier
comme un fil qu'il faut couper
pour ne pas se reposer
jamais
Les couteaux sont faits pour trancher
les fusils pour tuer
les yeux pour regarder
l'homme pour marcher
et la terre est ronde
ronde
ronde
comme la tête
et comme le désir

Il y a de bien jolies choses
les fleurs
les arbres
les dentelles
sans parler des insectes
Mais tout cela on le connaît
on l'a déjà vu
et on en a assez
Là-bas on ne sait pas
Tenir dans sa main droite une **canne**
et rien dans sa main gauche
qu'un peu d'air frais
et quelquefois une cigarette
dans son cœur
le désir qui est une cloche
Et moi je suis là
j'écoute j'attends
un téléphone un encrier du **papier**
j'écoute j'attends j'obéis
Le soleil chaque jour tombe
dans le silence
je vieillis lentement sans le savoir
un paysage me suffit
j'écoute et j'obéis
je dis un mot un bateau part
un chiffre un train s'éloigne
Cela n'a pas d'importance
puisqu'un train reviendra
demain
et que déjà le grand sémaphore
fait un signe
et m'annonce l'arrivée
d'un autre vapeur
j'entends la mer au bout d'un fil
et la voix d'un ami
à des kilomètres de distance

Mais Lui
je suis l'ami de l'air
et des grands fleuves blancs
l'ami du sang
et de la terre
je les connais et je les touche
je peux les tenir dans mes mains
Il n'y a qu'à partir
un soir un matin
Il n'y a que le premier pas
qui soit un peu pénible
un peu lourd
Il n'y a que le ciel
que le vent
Il n'y a que mon cœur
et tout m'attend
Il va
une fleur à la boutonnière
et fait des signes de la main
Il dit au revoir au revoir
mais il ment
Il ne reviendra jamais

AUTRE FOIS

Fidélité du soir
les yeux clos qui répondent oui
lenteur et mollesse
le soir vole
et des milliers d'ailes
ou une seule plus grande
s'étendent et font un bruit
qui élargit le silence
qui éloigne la nuit
un peu plus loin
encore un peu plus loin
Ce n'est pas le repos
mais la soif des pays froids
qui ne réclame pas
Ce n'est pas l'angoisse
le soir est un bon chien qui attend
Et puis ce vide qui cherche
ce murmure qui tournoie
ce chemin qui monte et qui descend
cet homme qui souffle la lumière
ce feu qui va mourir
tout ce qui n'existe pas
et qui est là
encore une fois
puis une autre fois

LE SANG DU CIEL

Bracelets du ciel et de la nuit
jours lointains
regards bleus
et les feuilles multicolores
refuges des reflets et des feux
Un seul mot
cœur ou sang
au loin plus près
et tout s'éteint
pour une nuit
sans rêve et sans chagrin
comme l'on dirait
à demain
avec un geste de la main
jours lointains
nuit ciel cœur et sang

MÉDAILLE D'OR

La nuit bouscule ses étoiles
Il pleut du sable et du coton
Il fait si chaud
mais le silence tisse des soupirs
et la gloire de l'été
On signale un peu partout
des crimes de chaleur
des orages d'hommes qui vont renverser les trônes
et une grande lumière
à l'Ouest
et à l'Est
tendre comme l'arc-en-ciel
Il est midi
Toutes les cloches
répondent
midi
Une attente sourde
comme un grand animal
Sort ses membres de tous les coins
il avance ses piquants
ce sont les ombres et les rayons
Le ciel nous tombera sur la tête
On attend le vent
Qui aujourd'hui doit être bleu
comme un drapeau

LARMES DE SOLEIL

Je ferme les yeux simplement
et le sang coule dans mes veines
Rien ne meurt
de ce que fut cet homme
de monsieur P
mais je n'entends plus rien
mes yeux sont fermés
le choc des secondes
le bruit des années
sont les cigales de mon âge
Tout dort ou tout s'éveille
mon cœur devient un océan
mes bras pendent
et mes mains s'étendent
pour saisir d'autres mains
Est-ce le soleil qui se couche
Est-ce le sommeil
Est-ce moi
Je ferme les yeux simplement
pour mieux voir
mon pays
mon royaume
Il n'y a plus rien autour de moi
mon pays du sommeil
que je découvre à tâtons
la reine a les yeux d'un vert spécial
presque tendre
Il y a toujours de belles forêts
qui bercent le silence
Je vois des grands chemins très blancs
comme les lignes de la main
Rien ne sert de pleurer

les larmes éternelles sont les étincelles
qui brillent et qui creusent
les yeux d'un vert spécial
presque tendre
Toutes les fumées du ciel
et tous les grains de sable
se ressemblent
et je dors tout près du soleil
ma bouche repose près d'un fleuve
qui va chantant
les louanges des femmes de ma race
celles qui le soir oublient leurs cheveux blancs
et qui laissent mourir leurs amants
en s'endormant
Le rire comme un paquebot
s'éloigne
du royaume
où naissent les étoiles
où les arbres hautains sont des prières
Le rire qui fait mal
et qui fait mal
et qui console
le rire de Dieu
Le sommeil est couché à mes pieds
et je me lève pour regarder
les yeux d'une reine
qui sont verts simplement
comme la mer où elle est née
et son royaume s'étend sur toute la terre
et sur toutes les années

ENCORE LA LUNE

Claire comme l'eau
bleue comme l'air
visage du feu et de la terre
je te salue lune lune bleue
fille du Nord et de la Nuit

LA VIE ET LE VENT
LE VENT ET LA VIE

Les boîtes où l'on range les ficelles et les clous
les morceaux de dentelles et les feuilles séchées
les os des animaux blancs comme le printemps
les cris des chiens et des hiboux
la nuit noire ou la nuit blanche
les courses sans fin et sans but
c'est l'enfance en costume de marin
c'est l'oubli des miroirs
car les miroirs cassés représentent l'oubli
l'oubli à pas de loup
qui n'est aussi qu'un plaisir fragile
à la portée de toutes les bourses
de tous les goûts
de tous les hasards
La dame de cœur et le valet de trèfle
jouent à cache-tampon
jeux qui ne sont pas pour les enfants
Le commerce n'est qu'une question de rimes
à la vanille
pour les jeunes filles
au citron pour les garçons
les plages de mon pays
tissées de sables et de galets
disent à la mer
arrêt
mais le vent courageux
ne connaît pas de voix
que celle de la pluie et des yeux
Je sens bien en somme qu'il faut toujours courir
pour prendre le vent dans ses mains
en fermant les yeux

par douceur
par ennui
Après il n'y a plus qu'à saluer le ciel
et à crier très fort
en faisant signe à tous nos ennemis
petites vagues
petits nuages
petits amis
Ils ont des gestes de fillettes
et les sourires des fleurs fanées
Ils vivent dans les étincelles
des saisons
Nos petits amis gris et tendres

DERNIÈRES CARTOUCHES

La nuit a des yeux sans prunelles
et des longues mains
Comme il fait beau
Il y a une étoile rouge
et des longs serpents nocturnes
Il fait beau
Il faut crier pour ne pas être triste
les heures dansent
Il faut hurler pour ne pas tuer
pour ne pas mourir en chantant
pour ne pas rougir de honte
et de fureur
Il faut encore mieux s'en aller
prendre sa canne
et marcher
Quand on est très énervé
et qu'on rage
Comme il fait beau
les cloches sonnent pour les trépassés
et pour la gloire des armées
tout est à recommencer
je vois malgré l'obscurité
des têtes tomber dans le panier
sous le poids de la guillotine
j'aperçois des noyés flotter
et des pendus se balancer
On entend des cris dans les hôpitaux
Comme il fait beau
On se regarde dans un miroir
pour le plaisir
et l'on se trouve vraiment très laid
mais on pense à autre chose

pour ne pas se désespérer
qu'est-ce qu'on voit
Vraiment
qu'est-ce qu'on voit
Le cimetière est ravissant
Il y a des fleurs des couronnes
des croix et des inscriptions
Comme il fait beau
Qu'est-ce qu'on entend
le soleil joue du clairon
à la porte des cafés
c'est la lutte définitive
La ville meurt au son des grenouilles
et les fleurs tombent
gravement
comme des arbres déracinés
Voici les hommes
Ils sont pâles comme des vivants
Ils portent des cravates rouges
des cannes plombées
et des journaux de toutes les couleurs
Ils s'arrêtent
et jouent
à pile ou face
Il fait de plus en plus beau
Drapeaux et musique en tête
nous courbons la tête
parce que nous sommes de plus en plus
seuls
pâles
laids
Il faut recommencer à marcher
à pile ou face
et rire de vin et d'alcool
Les cafés sont pavoisés
comme les sourires des demoiselles

avançons toujours
on verra bien ce qui arrivera
Il fait vraiment trop beau

RONDE DE NUIT

Frères du jour et de la nuit
j'attends vos ordres vos désirs
je n'ose pas depuis plusieurs jours
regarder dans la glace
j'écoute tout simplement
à l'affût
et je n'entends rien
un grand sac bâille
mes souliers sont à la porte
et une voix qui moud l'amour
grimpe le long du mur en fleur
j'attends toujours
et puis rien

Frères du jour frères de la nuit
est-ce moi est-ce vous
qui glissez sans trêve et sans rêve
sans merci
le long de ce grand mur taché
et qui étendez vos longues mains
à tâtons
à minuit
Frères du jour de la nuit
On frappe on regrette on désire
un corps blanc
et des yeux
des yeux des yeux
des yeux

UNE MINUTE DE SILENCE

J'abandonne ce repos trop fort
et je cours haletant vers le bourdonnement des mouches
La prophétie des mauvais jours et des soirs maigres
aboutit toujours à ce grand carrefour
celle des secondes prolongées
bondé de nuages ou de cris
On joue de grands airs
et c'est la nuit qui s'approche
avec ses faux bijoux d'étoiles
Est-ce le moment de fermer les yeux
C'est l'heure des sonneries
le grand va-et-vient des visages
et des ampoules électriques
Je n'ai pas besoin d'être seul
pour croire à la volonté à la franchise au courage
Il suffit d'un parfum couleur de tabac
ou d'un geste lourd comme une grappe
L'odeur des assassinats rôde nécessairement
Mais il y a le soir qui attend bleu comme un oiseau
Mais il y a la nuit qui est à la portée de mes mains
Mais il y a une fenêtre qui s'éclaire d'un seul coup
il y a un cri
un regard qu'on devine
un regard qui est chaud comme un animal
et ces longs appels des arbres immobiles
tout ce qui s'endort pour l'immobilité
dans la concession perpétuelle du vrai silence
et ce silence plus sincère encore d'un sommet d'ombre
que les nuages baisent d'un seul coup

CRUZ ALTA

Comme un fil de soie
comme un nuage de laine
le soir descend à perdre haleine
et nous soupirons de plaisir
Un grand cri un oiseau gris
et toutes les cloches de la terre
appellent les brebis
dans les champs et sur l'océan
tous les nuages sont partis
pour le silence et pour la nuit
loin du ciel loin des yeux
près du cœur
Un homme
une croix
je ne vois pas les souris
les fourmis et les amis
Tout est gris
pour fermer les yeux
tandis que le soleil
très affectueusement
allume des incendies un peu partout
Un homme
une croix
et l'on entend les chiens poursuivre les ombres
les femmes fermer les portes des granges
les hommes boire lentement
au son d'un accordéon
et le vent tombe
comme si les routes coulaient
les maisons dormaient
les montagnes brûlaient
toutes les cloches de la terre

répondent
aux ondes universelles
C'est Madrid et sa voix de miel
Nous dormons
Nous dormons
C'est Rio de Janeiro bienveillant
Il fait un temps merveilleux
et nous attendons le paquebot
C'est Londres
Pétrolifères fermes
cuprifères indécis
Il pleut simplement
un assassinat deux vols
une conversion
C'est New York chaleureux
Tout est prêt pour le départ
Accident dans la 8ᵉ avenue
Un incendie dans l'Oklahoma
Tout est prêt
C'est Paris, c'est Paris
Nous n'oublions pas les ingrats
travaillons ou attendons
La République est en danger
Filibert de Savoie gagne le grand prix
C'est la nuit qui répond enfin
Messages
Un crapaud lourd comme une pierre joue du piano
près d'un hortensia
Les étoiles descendent en volant
lucioles et vers luisants
Les étoiles sont des étincelles
qui s'échappent du brasier
immense
que je suppose
derrière les montagnes
le silence fuit sous le vent

C'est la Nuit qui secoue les branches
messages du ciel
les oiseaux immobiles crient
les serpents s'enterrent
et les hommes ferment les volets
et les paupières
messages de la terre
c'est la Nuit qui indique la route
les sources parlent à leur tour
une lumière cligne
un train s'éloigne
messages de la mer
Tout est prêt
un homme
une croix
c'est la Nuit qui répond
Terre terre
encore une heure
on entend respirer
encore une heure
c'est le jour
c'est le soleil
Terre terre
Nous abordons

I

VOUS ET MOI

Papillons d'eau douce
et papiers de soie
Courez sur les plages
Sans crier gare
Marchands de ciseaux
Café de Norvège
Oubliez vos doigts
Vous perdrez vos sous
Charbons de verre
Lumière d'eau
Votre train est loin
Vos mères sont brûlées
Papillons d'eau douce
Papiers de soie
Marchand de ciseaux
Café de Norvège
Charbons de verre
Lumière d'eau
N'attendez plus rien

II

AU GALOP

Prends ton plus beau cheval blanc
et ta cravache et tes gants
cours à la ville au plus tôt
et regarde le beau château

Le beau château dans la forêt
qui perd ses feuilles sans regret
au galop au galop mon ami
tout n'est pas rose dans la vie

III

DÉCEMBRE

Neige, neige reste en Norvège
jusqu'à ce que j'apprenne le solfège

IV

FUNÈBRE

Monsieur Miroir marchand d'habits
est mort hier soir à Paris
Il fait nuit
Il fait noir
Il fait nuit noire à Paris.

V

A BOIRE

Si le monde était un gâteau
La mer de l'encre noire
Et tous les arbres des lampadaires
Qu'est-ce qui nous resterait à boire

VI

VERTIGE

Charles le Musicien et sa sœur Trottinette
vont au bois, vont au bois
sans savoir où ils vont
Un éléphant veut gober le soleil
et la rivière cueillir une fleur en passant
Trottinette et son frère Charles le Musicien
où vont-ils où vont-ils
personne ne le saura personne ne le sait

VII

COLLECTION

Apportez les balais
Il y a les couleurs des petits poissons
Il y a les petites automobiles
Il y a les épingles de sûreté
Il y a les chapeaux hauts de forme
Il y a Monsieur X...
Il y a encore les kiosques à journaux
Il faut savoir en profiter

VIII

CHANSON DU RÉMOULEUR

Donnez-moi je vous prie
vos ciseaux
vos couteaux
vos sabots
vos bateaux
Donnez-moi tout je vous prie
je rémoule et je scie

Donnez-moi je vous prie
vos cisailles
vos tenailles
vos ferrailles
vos canailles
Donnez-moi tout, je vous prie
je rémoule et je scie

Donnez-moi je vous prie
vos fusils
vos habits
vos tapis
vos ennuis
je rémoule et je fuis

MÉDAILLE DE SAUVETAGE

Mon nez est long comme un couteau
et mes yeux sont rouges de rire
La nuit je recueille le lait et la lune
et je cours sans me retourner
Si les arbres ont peur derrière moi
Je m'en moque
Comme l'indifférence est belle à minuit

Où vont ces gens
orgueil des cités
musiciens de village
la foule danse à toute vitesse
et je ne suis que ce passant anonyme
ou quelqu'un d'autre dont j'ai oublié le nom

ARTICLES DE SPORT

Courageux comme un timbre-poste
il allait son chemin
en tapant doucement dans ses mains
pour compter ses pas
son cœur rouge comme un sanglier
frappait frappait
comme un papillon rose et vert
De temps en temps
il plantait un petit drapeau de satin
Quand il eut beaucoup marché
il s'assit pour se reposer
et s'endormit
Mais depuis ce jour il y a beaucoup de nuages dans le ciel
beaucoup d'oiseaux dans les arbres
et beaucoup de sel dans la mer
Il y a encore beaucoup d'autres choses

MARGIE

Je laisse sans regret s'écouler les injures
et je passe mon chemin
au bord duquel les doux les serviables
plantent sans impatience
ces arbres magnifiques du mépris
Je suis seul avec mes jouets
tête genoux et rire
laissés de côté par mes commerçants
je suis seul c'est une façon de parler
dans une chambre qui est ma chambre d'hôtel
et je reconstitue le massacre des Innocents
en égorgeant sans volupté mes souvenirs
Je vous préviens
mes larges mains sont pleines de sang
Il ne s'agit plus maintenant d'avoir peur
Voilà un homme
Je vois qu'il porte une pelisse de fourrure
un chapeau haut de forme
et de grands souliers pointus
Il mâche un cigare mince
et marche à grands pas
Mais où va-t-il
toute la question est là
mais il n'en sait rien Monsieur
Il passe son chemin
en invoquant le Seigneur

et en criant

Suis-je donc si léger que la terre tout entière

roule sur mes épaules
s'appuie comme un bandeau
sur mes yeux rouges de haine

Eux
Les hommes dont le cœur bat trop fort
et pour qui l'air d'une ville
devient irrespirable
qui savent qu'ils ne peuvent plus tenir
qu'une heure
mais qu'après tout sera fini
qui s'en vont lentement
sans craindre de regarder derrière eux
sans fermer les yeux
en écartant les bruits qu'ils n'ont pas encore oubliés

Eux
que la fièvre et la soif dominent
qui préfèrent l'eau à n'importe quelle vie
Suis-je déjà aussi léger qu'eux tous

Cette haine sourde comme un puits
qui est là
entre mes doigts
entre mes yeux
entre mes dents
et qui frappe chaque seconde
vais-je continuer à jouer avec elle
et à regarder le ciel d'un air indifférent
quand je sais qu'il faut qu'il tombe sur ma tête
Suis-je donc si léger qu'il faut qu'il tombe sur ma tête
Suis-je donc si léger qu'il faut que je dorme
pour ne pas voir mes mains

ou faut-il les couper pour ne plus les aimer
léger comme la pluie
léger comme le sable
léger comme le feu
je sens la terre qui s'éloigne de moi
mais il me reste mes deux yeux
pour creuser toutes les tombes du monde
et mon vieux brave de cœur où il reste tout de même
   encore assez de sang
pour me désaltérer de temps en temps

Voici le sommeil
avec sa corne d'or et ses roses mauves
Le pas qu'on va voir et qu'on n'entend pas
la multitude
et les grands gestes sans fin
Voici le sommeil
et le feu qui ne brûle pas
Immense comme la vue
et voici la nuit
qui veut bourdonner
abeille des malheurs
qu'une chance vient d'abandonner
Tête qui roule sans feuille
et le fruit du jour mûr et rouge
vert et vert
sûr et jaune
toutes les couleurs que l'on veut
son du sommeil
abeille et nuit
Les belles familières qui sont au coin
ont dit adieu
c'est pour toujours et demain
avec le désespoir du fini et de l'infini
qui se touchent
comme les mains qui s'ignorent
Voici l'entrée dans la cloche
au fond de l'eau
pour la perte de la part des jours
lorsqu'on lâche ce qu'on tenait
et qui retenait
le vrai crime quotidien
consciencieusement

un trou au fond d'un trou
et l'avenant
le seul
Tout le sel du ciel
et la cage rouge qui monte et qui **descend**
avec des offrandes automatiques

La musique d'or et le tonnerre
ce brouhaha
ces regards
et le reste pour quelques jours
c'est l'envie qui va pourrir
la maladie et les soupirs
Encore une fois cet or qui tombe
ce sont des grelots
et ces sonneries de la tempête
vont s'élever là-bas
et retomber
Rayures rayons diamants
couleur de l'eau
un effort de gala
une tête droite
et c'est le départ en lambeaux
Les vieux mots
et les gestes éparpillés
partout tous
les mêmes
Une tête rose une fleur morte

Eternité du sang
Les coups frappés et la frange du blanc et du rose
plus loin que les mains levées
et que la ronde des gouttes d'eau

Pays
du haut du jour
centre du ciel
ce sont des montagnes que le vent torture
Décors pentes pour boules
Temps perdu
Temps compté

EST-CE LE VENT

Est-ce le vent qui m'apporte tout à coup
ces nouvelles
Là-bas des signaux des cris
et puis rien
la nuit
C'est le vent qui secoue et qui chante
Il traîne derrière lui tout un fracas et une lente poussière
quelque chose de mou
quelque chose qui est la paresse
une de ces méduses mortes qui pourrissent
en crachant une odeur rose
C'est le vent qui pousse ces pauvres **bateaux**
bleus
et leur fumée
qui secoue ces arbres malheureux
et c'est lui encore qui enivre les nuages
Il rase l'herbe
Je sais que c'est lui qui pousse jusqu'à moi
cette morne lumière et ces ombres sanglantes
C'est lui toujours qui fait encore une fois
battre mon cœur
Ainsi ce coup de poing que j'entends et qui frappe une
     poitrine nue
ce galop de chevaux ivres d'air
Il découvre le chemin qui mène là-bas
dans ce pays rouge qui est une flamme
Paris que je vois en tournant la tête
Il me pousse en avant
pour fuir cet incendie qu'il alimente
Je m'accroche au bord de cette terre
j'enfonce mes pieds dans le sable
ce sable qui est une dernière étape

avant la mer qui est là
qui me lèche doucement comme un brave animal
et qui m'emporterait comme un vieux bout de bois
Je ne lutte pas
J'attends
et lui me pousse
en soufflant toutes ses nouvelles
et en me sifflant les airs qu'il a rapportés de
là-bas
il s'écrie que derrière moi
une ville flambe dans le jour et dans la nuit
qu'elle chante elle aussi
comme au jugement dernier
Je jette tout mon poids sur ce sol chaud
et je guette tout ce qu'il dit
Il est plus fort
Mais lui cherche des alliés
il est plus fort
il cherche des alliés qui sont le passé et le présent
et il s'engouffre dans mes narines
il me jette dans la bouche une boule d'air
qui m'étouffe et qui m'écœure
Il n'y a plus qu'à avancer
et à faire un grand pas en avant
La route est devant moi
Il n'y a pas à se tromper
elle est si large qu'on n'en voit pas les limites
seulement quelques ornières qui sont les sillages des bateaux
cette route vivante qui s'approche
avec des langues et des bras
pour vous dire que cela ira tout seul
et si vite
Cette route bleue et verte
qui recule mais qui avance
qui n'a pas de cesse et qui bondit
Et lui toujours qui siffle une chanson de route

et qui frappe dans le dos
et qui aveugle pour que l'on n'ait pas peur
Moi je m'accroche au sable qui fuit entre mes doigts
pour écouter une dernière fois encore
ce tremblement et ces cris
qui font remuer mes bras et mes jambes
et dont le souvenir est si fort
que je veux l'écouter encore
que je voudrais le toucher
Et lui ne m'apporte qu'un peu de ce souffle
un peu de la respiration du grand animal
bien aimé

Encore trois jours sur cette terre
avant le grand départ comme l'on dit
Me voici tout habillé enfin
avec une casquette et un grand foulard autour du cou
les mains rouges et la gueule en avant
Me voici comme un grand lâche
qui oublie tout
et qui sait encore tout de même
que les autres dans le fond derrière
derrière les forêts et toute la campagne
au milieu de leur ville qui bouge comme une toupie
les autres les amis ont le mal de terre
et ils sont là qui attendent on ne sait quoi
un incendie ou bien une belle catastrophe
ces autres que j'oublie
Comme s'ils étaient déjà morts
pâles et crachant ce qu'ils appellent leur âme
je renifle moi pendant ce temps-là
avec mon nez en coupe-vent
l'odeur du sel et l'odeur du charbon
Encore trois jours et voici la mer

que je vais toucher avec mes pieds de coton
et puis il y aura là-bas plus loin derrière
un morceau de verre
qui deviendra un fil de verre
ou un nuage
on ne saura plus très bien
On aura juste le temps de regarder une fois
et de dire au revoir
et puis il n'y aura plus rien du tout
la terre sera couchée
et la mer s'élèvera dans l'aube bleue
Encore trois jours pour penser à ceux qui restent
et qui étaient comme des membres
qu'on ne pouvait détacher de soi
sans souffrir
et voilà
voilà mon cœur qui se brise en mille morceaux
à cause de l'éclatement de l'impatience
et qui devient comme un peuple de fourmis
que tout l'air rend ivres

Trois jours que cette tempête crache et vomit
tout ce qu'elle a avalé sur sa route
trois jours que rien n'est plus sacré
pour ceux qui étaient bien tranquilles
au coin du feu
et qui maintenant ont peur
que tout ce qu'ils possédaient
leur dégringole sur le crâne
Trois jours que cette mer qui sifflait
pour charmer les voyageurs
se bat
contre cette terre qui allait la nourrir
et qui se dresse aujourd'hui pour chasser

tous ceux qui voulaient oublier
leur pays
Maintenant il semble qu'une heure
une treizième heure
ait sonné
et on ne l'attendait pas
Tout ce monde qu'on allait quitter
tremble et rage
et puis celle qui semblait si bonne
si douce
a pris une grande colère
on la voit qui serre ses milliers de poings
et qui les jette en avant
pour faire peur
Alors il faut attendre encore
attendre les secondes et les journées
qui glissent tout de même
On n'a plus besoin de s'accrocher
ni au sable ni à la mémoire
on est cloué là comme un vieux papier
contre un mur
On regarde ce qui se passe dans la rue
à travers la vitre d'une fenêtre
on en ferme les yeux
et on entend le morceau de musique
que joue le vent
avec ses coups de rafale
et ses flûtes dans les fentes

Allons allons on trouvera bien de quoi se consoler
Ce n'est pas la peine tout de même de se tourmenter
de croire que tout cela va finir d'un seul coup
on rira encore un peu et puis on boira beaucoup
tellement que la terre et la mer
tourneront

comme elles le font tous les jours et toutes les nuits
Allons allons ce n'est pas la peine de pencher
la tête et de se dire comme je suis malheureux
et de faire des choses et des choses
qui ne serviront pas
On n'a qu'à se laisser glisser
comme ça
Dans le sommeil et dans la fatigue
et puis oublier tout ce vent
qui rage
parce qu'il est tout de même impuissant
et qu'il ne fera pas cette fois encore
crever la terre
Allons allons mettons nos gants
nos manteaux et nos drapeaux
en attendant la pluie et la nuit
en attendant le départ
Voilà la mer et bientôt le soleil
Voilà la mer et cette brise qui est sucrée
Voilà une dernière fois la terre
qui se secoue comme un chien couvert de puces

LES AMIS DE PRAGUE

On m'a dit
le temps vole
Il y a là-bas au sommet de la route
cette ville
qui bat
Il y a près de ce cœur
des amis qui dorment
et qui s'éveillent
quand les grandes cloches
tonnent

Je vous ai reconnus
parce que vous teniez
un chant dans la main droite
et dans la main gauche
un miroir pour y enfermer le soleil
Vous gardiez sous vos paupières
des yeux qui brillaient
comme des couteaux
et j'ai lu dans vos gestes
tous les messages
du pays que nous avions parcouru
ensemble
autrefois
aujourd'hui
Je ne sais pas oublier
le goût doux du café crème
et le son bleu comme l'alcool
de toutes vos voix
Vous êtes là
trois quatre cinq six sept

vous êtes toute une armée
et vous êtes tout seul
devant vous-même
avec le courage des jours de pluie
et de la neige des saisons

Il faut encore me tendre la main
de temps en temps
quand vous regardez
une grande maison toute neuve
quand vous écoutez le vent
qui dit ami
Il faut quelquefois
oublier
mais pas trop
votre ami
Maintenant
dans le cercle des jours
je ne cherche pas seulement à revoir
la petite rue de l'or
ou les vitraux de la cathédrale de St. Vit
ou encore le cimetière juif
et l'horloge du souvenir
Maintenant
je vois vos mains
qui sont plus grandes que moi
et qui tournent
comme les hélices
Je sais que je ne peux oublier
la grande musique
qui se nourrit des reflets
du fleuve cygne
et qui bondit hors la ville
autour des grandes collines

c'est le rendez-vous des amis
le rendez-vous des tramways lents et rouges
et le chant multicolore
de toute l'amitié triomphante

UNE HEURE

Voici des cerveaux voici des cœurs
voici des paquets sanglants
et des larmes vaines et des cris
des mains retournées
Voici tout le reste pêle-mêle
tout ce que regrette l'agonie
Le vent peut bien souffler furieusement
en gesticulant
ou siffler doucement comme un animal rusé
et le temps s'abattre
comme un grand oiseau gris
sur ce tas où naissent des bulles
Il ne reste après tout
que cette cendre sur les lèvres
ce goût de cendre dans la bouche
pour toujours

TOUJOURS LE MÊME

Lentes ombres
qui du fond de la nuit
viennent à mon secours
Tout s'éteint dans le silence
tout se tait pour la minute prévue
je ferme les yeux
il faut attendre encore
La nuit n'est pas assez sombre
plus assez profonde
et déjà le matin s'annonce
et déjà s'approche le soir
O temps ô dernière nuit
ô souvenir que tout propage
que tout annonce
et qui fuit vers cette gloire dévorante
vers l'oubli et l'aube et le jour
vers ce qui est fini
Nuit que j'appelle en vain
et qui me fuit
nuit que je désire
nuit profonde
ô mort ô néant

CONDAMNÉ

Nuit chaude nuit tombée
Temps perdu
Plus loin que la nuit
c'est la dernière heure
la seule qui compte
Forces diluées nuit secrète
alors que le moment est proche
et qu'il faut enfin encore
se pencher vers cette ombre
conquérante
vers cette fin vers ce feu
vers ce qui s'éteint
Souffles silences supplices
Un peu de courage une seconde
seulement
et déjà s'achève cette lenteur
une lueur perdue
Vents du ciel attendez
un mot un geste
une fois
je lève la main
on croirait que la bataille
commence et c'est
au fond
plus loin peut-être
le son du galop
d'une cloche
oubliée
oubliée

je n'ai confiance que dans la nuit
ombre où les murmures promettent
l'éternité
je n'ai plus honte
je vois et j'appelle
je crie
Tout se tait
et tu apparais triomphante nue
les bras tendus heureuse
tu dis alors alors
et je suis ton ombre
j'écoute et j'obéis
le silence t'appartient
et je suis le silence
Je te retiens
tandis que le monde s'évanouit
un nuage
Tu demeures
tu es la nuit
la nuit tout entière
dans l'espace et le temps confondus
tu es la vérité
oh incendie
flamme qui s'empare et conquiert
qui d'un seul coup d'un regard
envahit
Oh toi
Tes mains saisissent et donnent
l'oubli
Oh diamant oh source
Métamorphose
Je n'ai confiance que dans la nuit

Je n'ai confiance qu'en toi
dont le nom
a la forme de tes lèvres
Nuit
Toi nuit

DÉJÀ LE MATIN

Mon sang mes souvenirs
murmurent un refrain qui reprend cette nuit
où j'attends
Poussé par ce nom ce refrain
je parcours les distances de l'ombre
où j'entends
mon sang mes souvenirs
Loin vers ces yeux fermés
je vais à la recherche du temps
Une lumière
un peu de vie
et rien que l'ombre le silence la nuit
rien
immobile
je lutte je persévère
je tends les mains

Et déjà le matin
déjà un autre jour
pour répéter ce nom
immobile
cette lumière
un peu de vie
Les heures chantent
et je poursuis mon chemin
je m'approche et je guette
j'obéis je discute
Il n'y a plus que le temps
devant moi
la chanson du soir et celle du matin
mon sang les souvenirs

La nuit est devant moi
et j'attends encore
Un jour et cette heure
où je pourrais ouvrir les yeux
où je pourrais donner
où je pourrais te donner
ce qui est à toi
La nuit noire plus noire que le ciel
cette nuit que je ne puis vaincre
cette nuit qui est tienne
c'est l'attente de l'aube
de ton aube
Je baisse la tête et j'attends
je ne sais plus qu'attendre
t'attendre
aube
mon aube
La nuit profonde infinie
est en moi
et tu es cette lueur immense
cet incendie
cette joie
que la nuit ne peut éteindre

NOUVEL AN

Je suis comme un mendiant devant toi
petite lumière
plus petite étoile de la nuit
ô monde
univers de deux yeux
et ma prière te salit
ô diamant
goutte de lait
ô victorieuse

Je suis devant toi
et tu parles du jour
du lendemain
de ce pays immense
qui s'étend entre tes bras
Tu n'es qu'une étincelle du temps
une unique seconde
et la nuit fuit en déroute

VAGABOND

Je n'écoute et je ne vois plus rien
que ce nom qui là-bas scintille
et qui murmure et qui éclate
et qui s'approche
plus rien si ce n'est cette chanson
qui s'enroule autour de ton nom
Ni la distance ni ce temps
qui passe comme le vent et la pluie et les nuages
ne peuvent couvrir
cette tempête au fond de moi
O sang qui bat cœur qui halète
corps vagabond
                et vous mes mains
tremblantes écumantes dociles
sources
vous bondissez vers cet océan imbécile
immobile et sournois
vous écartez ces heures
molles draperies
pour atteindre
cette nuit ce jour cette nuit
et j'attends

COMME

Comme la nuit et comme le repos
comme l'aube et comme le silence
j'attends j'attends
et tu ne viendras pas
je marche dans la lumière
une lueur dans le jour
ton nom et ton regard
je cours dans la nuit
vers la solitude
vers l'infini
tu ne viendras plus
je t'attends je t'attends
comme la nuit comme le repos comme l'aube
et comme le remords

LA PROIE

Le chien qui crie au fond de moi
attend sa proie
et ce n'est que ce souvenir
cette main douce
qui le chasse
Chien perdu
aux yeux sans larmes
que la nuit guette
cette nuit peuplée de cette foule
qui n'est qu'un seul visage
qu'un seul appel
qu'une seule ombre
Chien peureux chien malheureux
fuyard vaincu
qui ne sait qu'aboyer
à la mort
pour se consoler

VERS LA NUIT

Il est tard et déjà
dans l'ombre et dans le vent
un cri monte avec la nuit
Je n'attends personne
plus personne
pas même un souvenir
L'heure est passée depuis longtemps
mais ce cri que le vent porte
et chasse devant lui
vient de plus loin
de plus haut qu'un rêve
Je n'attends personne
et voici la nuit
couronnée de feux
de tous les yeux des morts
silencieux
Et tout ce qui devait disparaître
tout ce qui était perdu
il faut le retrouver encore
plus haut qu'un rêve
vers la nuit

IL Y A UN OCÉAN

Personne ne répond
Une foule autour de moi fait son grand bruit d'orage
J'avance à pas lents
Je contemple
Voici dix ans bientôt
que pour moi la terre tourne plus vite

Je regarde les yeux
Je me souviens de tous ceux que j'ai croisés
de ceux que j'ai voulu oublier
J'attends comme un arbre
une réponse
Je crie je crie
et tu ne réponds pas
Voici sans doute
la dernière solitude
celle sur laquelle je ne comptais plus
celle qui ressemble à la soif

Le ciel, les souvenirs
peuvent me tomber sur la tête
Je ferme les yeux

Tu n'étais pas près de moi
mais tu te souviens n'est-ce pas
de ce soir
près de ton fleuve silencieux
et qui était comme une étoile dans la nuit
On jouait doucement

le refrain de tes yeux
pour oublier encore
et le sang figé brillait sur les murs des maisons
Au bord d'un autre fleuve
celui qui poussait encore ton souvenir devant lui
je voyais comme si j'étais là
tous ceux qui rêvaient à haute voix
Ils étaient tous là tous
plus grands toujours plus grands
plus nombreux
à chaque seconde
ils hurlaient de joie et de souffrance
ils espéraient
Demain ou demain
Je voulais les appeler
leur tendre les bras
mais tu ne répondais pas
et le vent me poussa plus loin
Villes rouges
grandeurs voilées
je songe aux incendies
et votre ombre s'élance à la conquête du temps

Sous les arbres mauves
une nuit mauvaise
j'allais contre le froid
tous ceux que la faim faisait doucement gémir
tous ceux qui laissaient tomber les bras
guettaient dans l'ombre
Ils étaient là près de moi
Leurs yeux trop grands étaient des menaces
J'avais honte de savoir marcher
et une lumière plus douce que la neige
me tirait
Tu ne me quittais pas

tu dormais
et ta vie était cette nuit
que je respirais
Je savais par mes yeux mes mains mes pas
que tout s'effaçait
qu'il n'y avait plus que la terre
que la terre
et toi

Il est tard plus tard
Je marche comme dans cette lumière
qui m'étrangle
J'apprends la cruauté
et voici la mort qui s'approche
à travers les rues
fuyant les monstres et les ombres
je suis les traces du suicidé
Les millions de fenêtres reflètent le ciel
Je monte je monte encore
la ville se dresse devant moi
et j'aspire un peu de l'air marin
Mais que m'importe cette puissance
et la joie du jour
et les victoires quotidiennes
Je pense aux autres villes désespérées
et la lumière et le temps
glissent mollement
tandis que les grandes cloches
tournent dans l'air
J'appelle
j'appelle encore une fois
mais tout vacille
et je serre les dents

Je demande un peu de cette fièvre
qui me suit
Je veux du sang
Je serre les poings
Je me prépare
et je marche je marche je marche
Je guette mon heure
Il n'y a plus de souvenirs pour moi
plus rien que cette minute précise comme un coup de feu

Je n'écoute plus les vieilles chansons
je ne tourne plus la tête
me voici brusquement délivré
un peu d'amertume au coin de la bouche
Plus besoin de s'attendrir
je suis seul comme une pierre
Une odeur de pourriture rose et vaste
monte du sol et dépasse l'horizon
Plus besoin d'avoir honte
Tout m'enseigne que dorénavant
mes amis sont morts
avec ces millions d'autres
qui courent   toujours plus vite
et qui ne savent pas encore que tout est bien fini
Pas de réponse
rien que ces mots qui s'éloignent
Tu fermes les yeux
pour ne plus voir
celui qui s'avance
la mort aux lèvres
à travers le feu et le beau temps

Ecoute
puisque tu n'entendras pas

cette grande musique que je conduis
pour la dernière fois
Je franchis le dernier pas
la dernière heure
et demain à l'aube
blême
à cette aube qui n'est pas pour moi
un vieillard marchera hors d'haleine
couvert de la poussière des pays disparus

Je ne crie plus
la mer est autour de moi
insolente imbécile éternelle
Je voudrais une lueur faible comme le pardon
un point à l'horizon
Et je pense sans larmes
que tout est fini bien fini fini
comme ce refrain qui tourne
Je marche sur l'océan
à grandes enjambées
vers le ciel bas et sale
Je n'emporte rien avec moi
riche de tout ce grand désespoir
porteur du feu qui vient de naître
et lourd déjà de sa colère
et de ses dévastations
il est rouge à la place de mon cœur
Je l'entends chanter
Il dit la force le sursaut
et tout ce qui est perdu à jamais
cet homme que j'étais
plus fort que le temps et l'espace
et qu'un souffle un doux souffle
à peine un regard
vient d'abattre

Ce n'est plus qu'un vieux corps
vide
un peu de fumier déjà
que l'autre repousse du pied
L'heure est passée
les villes sont mortes
et toutes les auréoles prêtes à luire
tous les grands projets miracles
tout ce qui était
Il fallait tout éteindre
en guettant le jour

Cette nuit qui ne veut pas finir
laisse encore des traces
minutes phosphorescentes
où tout renaît
où la vérité disparaît tout à coup
où l'on se souvient
comme si de rien n'était
mais la vieille agonie
espoir multicolore
reprend son cours
Je suis un vieux chien
langue au vent
qui court autour d'un but
prêt à crever
qu'il ne connaît plus
à l'heure du hasard ou de la destinée
il galope
un vieux chien fou dans la nuit
près des paysages de l'avenir
traces effacées
heures mortes

Et voici encore des mots

qui veulent retenir
alors que le silence
s'impose
et qu'il veut être obéi
Je ne sais plus rien
que ce moindre vent
ces nuages lourdauds
ce soleil infidèle cette nuit monotone
que des étoiles identiques
immobilisent
Il n'y a plus de signaux
plus de ces grands moments
où l'on se croit vainqueur
d'un monde
mais plutôt cette lenteur définitive
cette absurdité plate comme la mer incertaine
et tout ce grand déballage
qu'un cri salue
jusqu'au dernier moment
celui du naufrage
et de la délivrance
J'écoute un rire
qui s'éloigne et qui démolit
ce grand échafaudage ridicule
Voici le bonheur
des secondes et du jour
du grand jour vide
où l'on dit adieu
à ce qui était
le courage
et la vérité à travers les siècles
Il est temps
une nuit et une autre nuit
Je sais que je ne puis rien entendre
et j'écoute
les secondes s'éloignent dans l'ombre

MANHATTAN

Trois jours encore trois jours
et ce monde s'éclaire
les siècles trois par trois se succèdent comme des nuages
et voici qu'au loin une terre
s'illumine
Rivages sans feu sans hommes
à peine le regard des loups dans la nuit
l'ombre des oiseaux sur les plaines
Plus loin encore des forêts noyées
des arbres morts
des insectes abandonnés
Trois jours encore
et tout cela m'appartient
je guette ces ombres
et l'océan tourne sur lui-même
ivre et fou
enchaîné par le vent

Une nuit une autre nuit
il faut attendre
que l'explosion d'un ordre
fasse jaillir
ce continent
qui se confond avec le soleil
L'ancre est jetée
l'eau coule vaincue
et dans le jour trop vaste
les nuages pétrifiés s'élèvent vers le ciel
Ce n'est encore que ton reflet
New York
que ta fumée qui te dépasse

que ton mirage et que ta destinée
Trois siècles depuis cette seconde de ta naissance
et tu es devant moi
ô révolte
Impossible de reculer désormais
Il faut avancer vers cet aimant
vers cette cloche vers ce cri
et nous entrons dans ce temple
construit par la mère des pieuvres
vers cette maladie cette fièvre
qui miaule et gronde
et nous sommes au seuil de cette espérance
terrible comme la soif
Ville du jour et de la nuit
qu'une chanson fait sourire
et que le tonnerre n'effraie point
ô unique
infatigable
Tu es cette main grande ouverte
pointée vers les étoiles
que tu reflètes mille fois
main liquide
pleine d'azur et de boue
offerte à la tempête à l'exilé au hasard
et qui menace
insensible et tendre
comme une flamme seule et blanche
je me souviens de cette petite rue
où jouaient tous ces enfants perdus
au son d'un orgue de Barbarie
dans le soleil et le vent
une sirène jetait un cri
éveillait l'énorme mugissement
les inquiétudes
la détresse
Une hâte merveilleuse s'emparait des passants

Tout fuyait vers cet inconnu
vers ton cœur
ce drapeau cette trompette
on attendait le miracle quotidien
la lutte de la poussière et du bruit
les géants résolus à mourir
le feu surtout le feu
Cette crainte rôdait
chaque minute promettait un incendie
et seule une rumeur sans cesse répondait
à cette angoisse
à ton angoisse
qui bat dans tes millions de cœurs
ville grande comme une catastrophe
dont l'odeur est un regret tenace
Je te poursuis
dans les squares
où viennent s'abattre les vaincus du jour
oiseaux semblables à l'écume
perdus pour toujours
honteux de la défaite sans aveu
jamais
L'air vibre
et l'océan crie ton inquiétude
Car ceux qui entrent par ces portes d'ombre et de feu
ne se reposeront plus
Les joies petites comme des gouttes d'eau
le quart d'heure de grâce
et cette volupté d'une seconde perdue
Tout ce que le temps apporte et ne reprend plus
Tout est défendu
pour tous
Il n'y a que la victoire
quotidienne
celle que l'on remporte à chaque heure
et qui chasse le loisir

âprement
comme une mauvaise habitude
Tous tes muscles sont bandés
New York victorieuse
siècle fumée
et voici devant toi
lointain comme ces nuages solitaires
ton destin
qui est comme l'hésitation au bord d'un précipice
le vide qui sépare la nuit du matin
comme le doute que rien n'apaise
comme le feu qui s'élance
comme le silence et l'espoir et la folie
Tout s'éteint
quand on prononce le mot
qui était ta vie
Tout se tait
malgré ton appel
malgré ta voix qui s'élève
quand il s'agit de ce mot
demain
Ce n'est pas ce crépuscule drapé de gloire et de pourpre
Ni cette défaite que la lutte exigeait
Ni ce désespoir qu'un chant magnifie
rien que cette crainte qui rampe et qui plane
qui cerne qui monte de la terre qui se gonfle
invisible
et qui murmure
cette crainte que l'on ne peut vaincre ni tromper
Inconnue
mais que ton passé limite et provoque
ô New York
qui attend et qui espère
la plus grande catastrophe de tous les temps
le signal d'un nouveau siècle
et de la fin d'un monde

Voilà cette flotte
empanachée de fumées
entourée de cris et d'ombres
qui s'approche
comme si c'était la nuit
et personne encore ne veut voir
personne n'ose jeter un coup d'œil
mais déjà se propage et s'insinue
vers les hauteurs
qui se glisse dans chaque maison
perce chaque oreille
et inonde tout le continent
Voilà cette flotte de nuages
ce grand amas noir qui grandit
opaque et lourd
comme un orage
La lumière s'épaissit
et les apparences de la nuit imposent le froid

Si cette flamme unique
que je poursuis
avec mes mains d'enfant
que je veux voir devant moi
au bout de ce chemin
brûle

je n'ai rien à perdre
rien que ma vie
et ce bruit
orage misérable

Le temps me presse
je n'ai plus peur que de lui
et voici que ces flèches
perdues
m'atteignent

J'entends les rires
de ceux qui se croient déjà vainqueurs
de ceux qui se moquent
de cette défaite
et qui est la vie
flamboyante
qui brûle au-dessus de moi
plus haut que ces jours disparus
ô flamme
sois sans pitié
pour celui qui crie
pour celui qui se lance vers toi
avec l'espoir de la brûlure
et de la vérité

VOUS QUI DORMEZ

A l'ouest vous dormez encore
Mais déjà l'aube
comme une douleur
s'annonce à l'est
Il est temps
le temps de ceux qui ne sont plus
de tous ceux qui attendent
de ceux qui se taisent
pour mourir
comme tous les autres
ceux qui les ont précédés
Est-ce la mer qui trahit le silence
Est-ce la faim qui hurle avec le vent
Ecoutez écoutez
vous tous qui dormez
et vous qui souffrez davantage
chaque jour
qui n'espérez plus
mais qui épiez encore

Rien que cette lumière que sèment tes mains
rien que cette flamme et tes yeux
ces champs cette moisson sur ta peau
rien que cette chaleur de ta voix
rien que cet incendie
rien que toi

Car tu es l'eau qui rêve
et qui persévère
l'eau qui creuse et qui éclaire
l'eau douce comme l'air
l'eau qui chante
celle de tes larmes et de ta joie

Solitaire que les chansons poursuivent
heureux du ciel et de la terre
forte et secrète vivante
ressuscitée
Voici enfin ton heure tes saisons
tes années

L'automne sur le toit fait un bruit de pigeons
l'or coule
Il est midi
Les arbres ont peur
La mort vole
L'odeur de l'agonie
comme une trop lente musique
sème des gouttes de sang
une femme dort
près d'une fleur gonflée d'eau

ALORS

Il serait doux de mourir
si la lumière d'un seul coup ne montait
vers cet instant
si cette aurore qu'on n'attendait plus
n'apparaissait très loin
dans le silence
J'écoute et j'attends
des yeux immenses et cette voix
qui sans larmes
affirme
qu'enfin le temps est venu
d'espérer
Alors les cloches
les mille cloches
de l'espace et du temps
annoncent ce jour éclatant
cette vérité
qu'il faudra toucher
toujours et toujours
qu'il faudra porter
une fois encore
qu'il faudra nourrir
Il est temps de connaître
et de respirer
de prendre et de souhaiter
Les mots qui tournent
les gestes
la nuit même
et cet océan identique
ce chaos
il faut tout oublier
pour reprendre

dans la lumière éternelle
cette joie
qui tremble dans un regard
qui se réfugie dans des mains
pour vivre encore
un jour
une vie
Il sera doux de mourir
alors
Je donne une goutte de sang
la dernière lueur au fond du ciel
et la musique du crépuscule
je ne veux plus pour moi
que ce regard
cette source qui donne faim et soif
je laisse derrière moi
les routes les maisons les cris
tout ce que je nommais
pour ces deux mains tendues
en avant
ces mains comme des étoiles
qui montrent le chemin
Je méprise les jours d'or
les enthousiasmes les drapeaux
et cet exil heureux
le matin et le soir
Désormais
c'est la nuit tout entière
l'ombre, le silence
pour qu'une voix monte
enfin
cette voix cette vie
profonde
l'oubli de ce qui peut finir
de ce qui est fini
déjà

Je veux entendre
cette voix qui répète mon nom
dans le silence
et dans la solitude
indéfinis

LA BOUÉE

Foutez-moi à la mer
mes amis
mes amis quand je mourrai
Ce n'est pas qu'elle soit belle
et qu'elle me plaise tant
mais elle refuse les traces
les saletés les croix les bannières
Elle est le vrai
silence et la vraie solitude

Pour un peu de temps
celui qui me reste à vivre
nous savons mes amis
que l'odeur qui règne
autour des villes
est celle des cimetières
que le bruit des cloches
est plus fort que celui du sang

Foutez-moi à la mer
mes amis
il y a de la lumière et du vent
et ce sel qui ronge tout
qui est comme le feu
et comme les années
La mer ne reflète rien
ni les visages ni les grimaces

Je ne veux pas de ces longs cortèges
de ces femmes en deuil
des gants noirs
et de tous ces bavards
Rien qui rappelle ces ombres
ces larmes et ces oublis
La mort est mon sommeil
mon cher sommeil

Foutez-moi à la mer
les amis
les amis inconnus mes frères
Tous ceux qui ne m'ont pas connu
et qui n'auront ni regrets
ni souvenirs
Pas de souvenirs surtout
seulement un coup d'épaule

FILS DE LA GUERRE

La guerre est en nous
un gros filet de sang qui coule
de la gorge aux pieds
et nous gonfle le cœur
je sais nos yeux rouges
et creux
notre bouche impatiente
la guerre est en nous
avec ce feu qui nous hante
ces lueurs qui mordent
ces cris ces mots
à travers nos dents serrées
et toute cette colère qui flamboie
la guerre est en nous
puisque la mort
comme un trésor caché
repose attend se tait et pourrit
ô chiens lécheurs de sang
chiens de feu
morts quotidiennes
aboyez
Toujours les mêmes trompettes
qui souillent le vent
et font sauter les grelots dans nos poitrines d'ânes
mugissent
pour le dernier serment
la dernière douleur
La cendre n'étouffe pas plus que le souvenir
cette source rouge et sucrée
et l'odeur des cadavres
est moins forte que le souvenir des carnages
les carnages que souhaitent les maîtres

Dix ans bientôt
que défilent sous mes yeux
ces imbéciles multicolores
et toujours ce même geste
ce même mouvement
ce même aboiement
Ils passent comme des nuages
tandis qu'une grande odeur
s'élève et tourne et claque comme les drapeaux
sans repos sous le vent
sans repos
sur la terre comme les saisons
Heures lentes destinées
il faut se taire ruminer
et regarder
Voici les grands les définitifs
tous ceux qui chantent
et ceux qui ouvrent la bouche
ceux qui ne peuvent pas oublier l'ivresse du sang
ceux qui ont la nostalgie de tuer
et ceux qui préfèrent la mort d'un autre
à leur propre vie
Ils sont tous là
déjà rassemblés avides
le signal qu'ils attendent
leur paraît lent à être donné

Faut-il donc que nous mourions jusqu'au dernier
pour que la soif de la terre soit enfin apaisée
puisque nous tuons pour la liberté la gloire la vérité
vieille mythologie en aluminium redoré

Entendez-vous dans les campagnes
les cris de tous ces affamés

de ceux qui veulent mourir une bonne fois
avec un sourire aux lèvres
et parce qu'on leur a dit que c'était beau
et tous les ricanements comme ceux des mitrailleuses
qui torturent les rêves de ceux qui ne veulent pas revenir
qui veulent boire enfin
ce verre de sang
notre destinée

LES FANTÔMES DE L'AURORE

Alors que tout conspire
pour le silence
et que le froid
ami fidèle
s'approche comme un mendiant
il faut enfin regarder devant soi
en soi
soi
et discuter avec celui qui ne cesse pas de guetter
l'heure promise
les minutes bourdonnantes
qu'abandonne la nuit

Ils sont deux
misérables attendris vaincus
décidés à tout avouer
à prétendre à la défaite
à se livrer
à l'heure fixée pour la délivrance
et pour la rémission

Ils sont venus de très loin
traînant derrière eux l'enfance
et toute la charge des oublis
des jours cachés perdus gâchés
avec ce sourire désarmant
et les lueurs des crimes inachevés
apportant des offrandes et des promesses
murmurant des prières
qu'on ne leur demandait pas

Deux comme dans les miroirs
Deux entre le silence et le froid
Aurore et aube
Reflets et rayons
seuls au seuil du jour
tandis que déjà toutes les cloches
tous les chiens et tous les coqs
promettent aussi
ces naissances toutes les naissances

Attends soleil
les deux inconnus méconnus
les deux seuls survivants
du grand naufrage
ceux qui flottent au-dessous du sommeil
vont enfin parler
Aube Aube Aurore
que la parole tourne
et que soit la nuit
avant cette lueur
qui n'a ni couleur ni saveur
qui est le parfum

MESSAGE DE L'ILE DÉSERTE

1942-1944

Jours de pluie jours de sang
la pluie tombe et sème la boue goutte à goutte
j'attends que le vent se taise et que la mer se calme
car j'entends encore tous les bruits échos des échos
les grands murmures et toutes les cloches
et je me tais il est temps de me taire j'ai tort de me taire
l'océan autour de moi est rouge
la grande marée qui apporte l'écume
les odeurs de pourriture et de souffrance
les épaves des naufragés d'hier les os blancs les os gris
donnent aux lèvres le goût du sel qui brûle les yeux
    et les plaies
pousse devant elle de grosses méduses impatientes opaques
    et violettes comme des fleurs
qui tournent en grimaçant le sourire aux lèvres
je les reconnais je les nomme je les dénonce je les insulte
je suis seul sur cette île que j'ai découverte
un jour de tempête et de dégoût
j'ai froid la nuit s'approche aussi lente que la mort
tous les cris que je ne voulais plus entendre
tous les hurlements qui précèdent le soir et son silence
    obligatoire
viennent m'annoncer que je n'ai plus de temps à perdre
je m'approche du rivage
un soir comme un autre soir
et je crie devant l'océan tout rouge
où flottent encore toutes les têtes des condamnés
tous les yeux des suppliciés et les mains coupées
toutes les âmes de ceux qui ont disparu sans laisser de traces
Je suis seul cependant
je tourne la tête et les fantômes m'appellent
je suis seul dans ce domaine abandonné

et je reprends la route qui conduit au remords
Tous ceux qui m'attendaient sont partis
et je les ai quittés pour ne jamais les revoir
pour ne pas me savoir plus las encore qu'eux-mêmes
plus décidé à me taire à ne pas les éveiller
de leur sommeil des nuits sans rêves
J'ai vu le souvenir de leurs yeux et l'odeur de leurs mains
me prenait à la gorge sans pitié sans tendresse
alors que dans l'ombre nous guettaient
les faces pâles des spectateurs éternels
quand la foule des voyous aboyait
à l'heure où la destinée n'est qu'une aurore
et quand la confiance se dissipe dans le brouillard
quand la fumée née de partout s'empare du monde
où l'on ne respire plus qu'avec peine en haletant
les larmes aux yeux et les dents serrées
Je n'appelle pas même un nom très doux
même une syllabe qui est la tendresse et la vie
ne suffirait pas à vaincre l'ombre qui s'approche
à pas de loup comme celui qui veut tuer encore

La mort rôde sur la plage de cendre
blanche et gonflée de la fumée du souvenir
Elle fait des signes elle s'incline elle guette
elle se redresse et sans un mot propose
l'éternité et l'oubli le néant
elle vend elle marchande elle promet
Et je reconnais sa démarche ses manières sa solitude
Elle ouvre les bras elle accueille elle fuit

Je m'éloigne du tintamarre et de la foule que mène l'océan
je remonte ce fleuve qui serpente dans le brouillard
errant pèlerin mains vides et yeux hagards
je retrouve des marques de pas et refuse
de reconnaître les empreintes de celui que je fus
les arbres ont des allures de bandits
les hautes herbes tremblent autour de moi
Les odeurs douces et les craquements des branches
m'avertissent des présences d'insectes
des vers qui grouillent de tout le remue-ménage de ceux
        qui vivent dans la boue
les vieux crapauds toujours égaux à eux-mêmes
de la marmaille des grenouilles qui répètent leurs deux mots
et des visqueux sans nom qui se nourrissent d'ordure
Je m'arrête assis au bord du sentier que j'ai tracé
celui d'un loup solitaire que pousse la faim
et je veux mesurer cette trace que je veux oublier comme
        toujours
Je réclame le silence en vain la nuit est lente
il pleut grosses gouttes froides qui tombent
faisant un bruit d'hommes
pour la fête du marécage qui s'étale grandit et m'entoure
musique de l'eau croupie gargouillements moroses
dans l'herbe sale et la terre molle comme une maladie
vieille pourriture rajeunie où je n'ose plus poser le pied
fièvre qui monte en bourdonnant des flaques où crèvent
        les bulles
et qui annonce le règne du délire ou de la servitude

Sourd aveugle muet je me bouche le nez
et marche et marche éclaboussant m'éclaboussant
pour atteindre ce morceau de terre sèche
loin du passage des fauves assoiffés d'eau sanglante
Je porte mon angoisse comme une enfant affamée
et je pose mes pieds sur cet îlot que cerne le vertige
le vent a beau siffler pour rappeler les cris
les derniers soupirs les râles les agonies
les vagues montent à l'assaut des plages vides
et jettent à mes pieds tout ce que je voudrais oublier
tout ce que je ne peux oublier et qu'on oublie
J'étends le bras et le vacarme recommence
prophète des malheurs écho du passé
qui se tourne vers le ciel gris comme l'oubli et les perles
les oiseaux les derniers vagabonds passent
avant leur fuite et annoncent l'hiver et l'indifférence
Je crie encore et personne ne répond
J'espère des lueurs à l'horizon je m'agite
je suis décidé à courir à hurler à tendre la main
l'océan est encore rouge et la boue tombe encore
J'ai vu le feu de l'horizon dévorer des jours et des nuits
et entendu cette fête de la terreur et de l'angoisse
les musiques d'enterrement les mugissements
alors qu'il n'y a plus rien à entendre
J'ai espéré alors que la mort était la seule espérance
et qu'on voulait en finir une bonne fois
j'ai bravé l'assurance souri devant les visages
de ceux qui ne me reconnaissaient pas
Je ferme les yeux un instant pour ne pas voir le cuivre
    et le sang
qui couvrent l'océan et brillent à la lumière du couchant
et je parcours les chemins de la mémoire

l'allée des souvenirs est celle d'un cimetière
vaste comme ma vie sans murs sans frontières
Je m'arrête à chaque carrefour
où m'attend un ami qui ne sait plus mon nom
l'eau qui dort tout autour et qui rêve
l'entraîne vers le temps tremblant comme la folie
et m'éloigne de ce qui fut établi il y a des années
Immobile alors que le temps passe et que l'espace fuit
je ne puis fermer les yeux je ne puis boucher mes oreilles
me couper les mains le nez la langue je crie
toujours en vain de la fumée du vent un cri
bouche ouverte et muette gestes de branches mortes
Car là-bas groupés comme des nuages
ceux qui veulent ce que je fuis ceux qui demandent
et exigent le pardon leur part leur dû
hurlent comme quatre mille et un millions de sourds
les voraces qui tremblent encore de peur mais que dévore la faim
ceux qui veulent profiter du moment opportun
et lèvent les bras vers un ciel de cendres vers les astres fous
vers le soleil qui est né d'une mare de sang
murmurent et proposent et jurent et affirment
Sauterelles qui protestent dans le tumulte
foule à la foire qui couvre jusqu'au bruit du tonnerre
on ne distingue qu'à peine les éclairs couleur de lilas
les opales qui éclatent en déchirant le ciel
quand les draperies noires tombent sur les mourants
avant même qu'ils aient poussé leur dernier soupir
l'orage des quarante mille nuits et des quarante mille jours
pas même les désespoirs des inconsolés
ni le bruit de la haine qui siffle comme un lance-flammes
lorsque s'approchent les vautours couverts de vermines
fantômes des vivants héros des crépuscules

Feu et sang qui poursuivent les morts que déjà la boue dévore
Triomphent en même temps que le soleil
et n'épargnent ni les cendres ni les promesses
Tout est consommé

ODES

1943-1946

ODE À LONDRES

Cette nuit Londres est bombardée pour la centième fois
nuit noire nuit d'assassinat et de colère
l'ombre se gonfle de l'angoisse à venir
Déjà les premiers coups dans le lointain
et déjà les premières flammes les premiers signaux
Tout semble prêt pour le trouble le tremblement la peur
Tous soudain silencieux guettent les bruits devenus familiers
On attend la grande fête de la mort aveugle
Une lueur proche haute fervente
aurore d'un nouveau monde enfantée par la nuit

Nous étions bâillonnés avec de la boue et des immondices
Nous pouvions encore entendre et attendre
Nous savions nous le devinions
Cette nuit Londres est bombardée pour la centième fois
Une voix s'élevait c'était le cri espéré
Ici Londres Parla Londra London calling
Nous nous taisions comme lorsqu'on écoute battre un cœur

Tout à coup le silence et l'angoisse du silence
le temps perdu une seconde une heure
On interroge en vain la nuit l'ombre la distance
Il ne faut pas croire ce que crient les autres
Londres cette nuit est bombardée pour la centième fois
Un incendie muet des hommes morts
Ceux mêmes qui criaient ceux que nous attendions
Rien que l'image des pylônes brisés des fils coupés
Rien que ce trou dans l'espace et le temps

Ici Londres Parla Londra London calling
Et voici la Ville qui reprend sa place à l'horizon
Elle est seule au centre du monde
Elle est celle qui domine le tumulte
éclairée par les incendies et la plus haute flamme du courage
Londres Londres Londres toujours Londres
Cette nuit Londres est bombardée pour la centième fois

L'attaque et la réponse un défi au-dessus de la terre
la voix qui crie dans l'infini
Celle de Londres comme d'une amie à votre chevet
Elle dit qu'il ne faut pas désespérer
qu'elle s'élève à l'heure du danger et de la honte
Elle parle de la vie aux moribonds et de la foi à ceux qui doutent
Nous écoutons en fermant les yeux nous savons
Cette nuit Londres est bombardée pour la centième fois

Courage c'est la centième nuit du courage
la capitale de l'espérance appelle et nous rappelle
la capitale est la même que jadis
celle qui méprise l'indifférence et la lâcheté et la bassesse
Nous suivons maintenant ses bons vieux fantômes
Thomas Dekker se glissant de taverne en taverne
et Thomas de Quincey buvant l'opium poison doux et triste
à sa pauvre Anne allant rêvant
Cette nuit où Londres est bombardée pour la centième fois

Fantômes et ma jeunesse près des docks
ô Londres qui demeure comme les astres impassible
Bravant l'incendie et le vent ivre de feu
quand les deux tiers de tes maisons brûlèrent
lorsque la peste rampait de porte en porte

et que mouraient des hommes par milliers
mille puis mille puis mille de nouveau
les femmes et les enfants d'abord
Fantômes de Londres et ma jeunesse vous apparaissez
Cette nuit où Londres est bombardée pour la centième fois

Je sors de ma paralysie nocturne
Je me glisse comme un souvenir et comme un papillon
vers les rues familières où me guident les reflets du fleuve
jusqu'à ce monument qui n'a pas d'autre nom
sur cette petite place morose près de l'éléphant
où sourit un jeune homme que je reconnais
et qui est le même après tout puisque je vis encore
Cette nuit où Londres est bombardée pour la centième fois

Aujourd'hui après tant d'années espérées et perdues
condamné au silence esclave des esclaves
j'écoute cette voix venue des profondeurs du courage
qui dit et redit écho des échos
Rira bien qui rira le dernier
comme chaque soir avant la musique de danse
alors que mugissent les sirènes
j'entends nous entendons et le monde avec nous
l'appel le même appel et de la même voix
celle qui compte que chacun fera son devoir
quand Londres est bombardée pour la centième fois

Chacun fait son devoir tous sans exception
chaque homme et chaque femme chaque enfant
Ceux qui se précipitent à la rencontre du feu
Celles qui courent à la recherche du sang
Ceux qui volent vers la mort
Celles qui pleurent et qui sourient

Ceux qui tendent les mains et qui espèrent
Tous ceux qui meurent sans se plaindre
Alors que Londres est bombardée pour la centième fois

Au bout du monde et de la nuit
Ceux qui n'ont pas peur de mourir
saluent ceux qui bravent le destin
ceux qui sont plus forts que la haine
et qui parlent pour les morts et pour les vivants
tous ceux que le désespoir de son aile atteignit
écoutent la voix qui persévère
celle du soir du matin de minuit
quand Londres est bombardée pour la centième fois

Amis sans visage mains tendues
au-dessus de cette distance sans mesure
vous parlez et nous écoutons
vous vivez et nous allions mourir
car nous savons désormais que l'on peut mourir de honte
Ici Londres Parla Londra London calling
Nous écoutons nous les naufragés
nous que rongent les doutes et l'inquiétude
tapis dans l'ombre et silencieux jusqu'à la rage

Vous qui parlez vous qui criez
dans le vent et la fumée dans le sang
vous qui appelez à notre secours pour notre libération
vous qui combattez pour que nous combattions
Ici Londres Parla Londra London calling
Contre nous de la tyrannie l'étendard sanglant est levé
Entendez-vous
Nous respirons nous écoutons nous entendons
Londres est bombardée pour la centième fois

Londres est bombardée pour la centième fois
Rien n'est perdu vous veillez
Quand le grand Ben et ses cloches
affirme qu'il est minuit exactement
que c'est l'heure du nouveau courage
Melbourne écoute et Ottawa
Le Cap Calcutta Auckland
toutes les villes du monde
tous les villages de France
Et Paris

ODE À PARIS

Ce sera dans vingt ans dans dix ans
dans cinq ans peut-être
quand les fleuves de sang seront taris
et que montera la grande marée de la haine
et se lèvera le soleil des incendies

J'attends encore un cri comme celui d'une naissance
près de Paris et près d'une vie
un grand hurlement de sirène
un cri d'agonie
avant la fin de la souffrance
et de toutes les années mortes devant nos yeux
celles qui tombent comme des feuilles

Il y aura enfin les années qui feront leur entrée
dans la ville déserte
dépouillée des souvenirs désinfectée désolée
et nous reviendrons visiter les ruines fouiller dans les décombres
renifler comme des animaux tous les parfums de la mort
toutes les odeurs du désespoir et de l'infidélité
Ce n'est pas nous qui chargés d'une couronne
verserons des larmes sur ce qui fut et ne sera jamais plus
qui guetterons les corbeaux et tous les animaux parasites
Tout ne sera pas fini allons donc
on trouvera encore ces grands vers qui fouillent les sols sanglants
et les infâmes qui seront gonflés de la vase qui les nourrit
Nous n'oublierons pas nous n'oublierons pas nous n'avons pas
         oublié
Paris
et toutes ses souillures
et toutes ses gloires

et tous ses deuils
et tous ses sourires
et la rengaine de la vie de la ville

Te souviens-tu de l'île
toi qui fus résignée dès l'aurore
où l'aube donnait aux arbres de la pointe
des allures de fantôme
quand le petit jour plus gris que la pensée
se glissait sous les fentes des portes et apportait l'angoisse
à l'heure du lait au moment où se terminait l'enfance
Notre île trop vieux bateau où nous avions si mal au cœur
quand tout tournait autour de nous
et que sonnaient les cloches de l'hôtel de ville
Notre île au milieu de la Seine
lente comme la destinée
île peuplée de souvenirs inévitables
et qui imposait à notre jeunesse la poussière de la mélancolie
à l'ombre mortelle de Notre-Dame lourde
comme un siècle de pierre et de prières
île moribonde où mourut le premier amour
vieux cimetière fluvial où l'on se heurte
aux tombes aux revenants aux enfants morts
à tous les guillotinés

j'ai laissé du sang
le mien et celui des autres
aux garde-fous des ponts et des quais
Je suis l'assassin assassiné et le criminel qui chante
Capitaines de bateaux lavoirs et vous maîtres des bateaux piscines
avez-vous vu un poète égaré jouant à qui perd gagne
jouant sa vie perdant son enfance gagnant la liberté
très tôt le matin quand les oiseaux crient
sans savoir où aller
Bien mal aimée toi qui n'as jamais cessé de luire

comme ma petite étoile au petit jour
comment peux-tu encore aimer Paris et son île
notre île et notre enfance notre amour étranglé

J'ai fui les quais le froid le vent la pluie de onze heures
tout ce qui pourrait éteindre cette flamme rouge et bleue
J'ai fui le remords des remords
et ce qui gémissait doucement sous mes pas
J'ai fui Paris et les boulevards peuplés d'ombres
les dimanches de projets
les regards des femmes indifférentes
et ceux des statues des grandes têtes molles
J'ai voulu écouter ton souffle et entendre tes appels
Paris capitale de ma jeunesse entourée des brouillards de l'alcool
et de cet opium malicieux qu'on goûtait avec un sourire aux lèvres
alors qu'on s'éveille à midi
la tête ronde et le corps léger
pour que triomphe la poésie et que naisse le scandale pur et
    simple
Courses vers Passy vers Montrouge vers les avenues interminables
Retours vers l'Étoile et vers les rez-de-chaussée
où l'on riait de soi-même et des grandes aventures en bouteille
Cris vers Montmartre cris vers la Muette
près des carrefours où l'on retrouve le soleil et le désespoir
quand sonne la victoire d'un poème humide d'encre
et l'attente morose de la cruauté nécessaire
qui êtes-vous ô parisien sans patience
dans votre ville grise qui tourne sur elle-même
à midi précis
à l'heure précise où les cafés se peuplent
et pavoisent au moment des apéros
qui êtes-vous vous qui passez sans crier gare
dans votre beau complet neuf
navigateur ou balayeur inspiré
Philippe Soupault

ODE À BOGOTA

Je viens d'un continent où pleut le sang
où la terre gonfle sous le soleil
où la mort et le feu luttent et ragent
où les hommes déchirent le temps et la nuit

Et voici qu'une étoile celle qui brille pour les prisonniers
voici qu'une étoile m'a conduit
vers un sommet qu'on nomme Bogotá
la ville ornée de nuages

Et ce sommet n'est pas seulement un jardin
où l'on apprend des noms de fruits
anons mangos zapotes
où l'on vous enseigne des noms de fleurs
des noms de fleurs ou de caresses
agapangos soldaritos ababoles
ce n'est pas seulement cette ville
où sonnent les heures et les cloches
où règne l'odeur du café qui est le parfum de la vie
ce sommet cette ville Bogotá
est sourtout le lieu où l'amour de la poésie
de la poésie toute puissante de la poésie miracle
n'a jamais été négligée
ni méprisée
nervermore
De votre sommet
o mes amis colombiens
de Bogotá vous considérez le monde
et de cette hauteur aimée des oiseaux et des cloches
vous pouvez voir l'espace et le temps

vous pouvez savoir comme je vous le dis
que la poésie est plus forte
que les éclats des bombes
que la voix de la poésie est plus puissante
que le bruit du canon

Un brouillard de sang
des nuages de honte
pour quelque temps encore
dominent le ciel de ma ville natale
qui est aussi votre ville
notre Paris
mais les poètes sur les bords de la Seine
rêvent et chantent et murmurent et crient
les poètes de France vos amis
n'oublient pas la foi ni l'esprit

Bientôt une aurore
Bientôt de Paris vous entendrez cet appel
Allô Bogotá Ici Paris
La poésie est vivante la honte est morte
Allô Bogotá Ici Paris
nous n'oublions pas nos amis
et les poètes
car l'amour et l'amitié et la poésie
sont la résurrection et la vie et la liberté

CHANSONS

1949

J'aimais les peintures idiotes,
dessus de portes, décors,
toiles de saltimbanques,
enseignes, enluminures populaires ;
la littérature démodée, latin d'église,
livres érotiques sans orthographe,
romans de nos aïeules, contes de fées,
petits livres de l'enfance, opéras vieux,
refrains niais, rythmes naïfs.

ARTHUR RIMBAUD,
Alchimie du Verbe.

MAIS VRAI

Sa vie fut un calvaire sa mort romantique
Sa mère était trombone son enfant asthmatique
Les métiers les moins sots ne sont pas les meilleurs
Nous l'avons tous connu il était métallique
Sa fille préférée s'appelait Mélancolique
Un nom occidental qui flattait les tailleurs
Avide comme un pou sans aucun sens critique
Il se mordit les doigts brûla toute sa boutique
C'est du moins ce qu'affirment ses amis rimailleurs

Cette histoire nous vient d'Amérique
Elle pourrait venir d'ailleurs

POUSSIÈRES

Petits printemps en souliers clairs
Etés trop courts trop courts étés
Automnes gonflés et langoureux
Hivers hivers rien que l'hiver

Jours et nuits dans le silence
près d'une flamme qui s'éteint
où meurent les songes et les soucis
tristes et fous comme les crépuscules

Vie nattée puis éparpillée
soleil levant soir mourant
tout ce que mes yeux ont su
que mes mains n'ont pas retenu

Solitaire comme un pendu
noyé dans le sommeil d'ange
il ne reste qu'à ouvrir les yeux
jour gagné et jour perdu

MARCHAND DE SANG

Marchand de sang cœur infatigable
que tu es lourd mon ami
ennemi vigilant insatiable
au fond d'un puits au fond de moi
mécanique ou dentelle du soir
que tu es lent et méthodique
nuit et jour soir et matin
cœur souvenir qui se souvient

cœur sans prénom cœur doux
flamme bleue que l'alcool rêve
et qui bat pour un galop
cœur incroyable impardonnable
cœur fou cœur sourd et vulnérable

CRIMES

Enfants des ruches
enfants du ciel
enfants du miel
têtes de bois têtes de ruches
        mes amis

Morts d'hier et d'aujourd'hui
morts de demain mes amis
nous n'en finirons jamais
on nous trompe à qui mieux mieux
        mes ennemis

Coureurs à pied vélocipèdes
motocyclettes ou galopades
les bruits courent volent rampent
et reviennent des antipodes
        aujourd'hui

Vive la nuit vivent mes rêves
où je retrouve mes ennemis
où je m'accuse sans fin ni trêve
pour des crimes que j'ai commis

LE TEMPS QU'ON PERD

Hier aujourd'hui et demain
tous les jours de la semaine
et les lendemains et la veille
ce matin tout à l'heure avant-hier
j'ai vu une petite fille qui souriait
j'ai cru que j'étais fort que j'étais malin
c'est si facile
j'ai attrapé un moucheron
en plein dans l'œil
j'ai entendu cette voix et la grande cloche
qui répétait et qui disait demain
vous savez ce que c'est
demain rien
et le reste de la vie
Toutes les fleurs de l'Arabie
et les parfums de la pampa
le jour la nuit les enfants d'Edouard
la ronde des lauriers les heures de folie
le cœur en feu la tête lourde
tout le bazar
et puis et puis le miroir
cette grande douche froide
la gueule de bois le lendemain
les anges passaient et se bousculaient
c'était l'aube d'or et de diamant
et les petits juifs naissaient à la douzaine
vous ne me croirez jamais et c'est tant mieux
la solitude dans la foule
quand fleurissent les incendies
c'est le vertige des chevaux de bois
et c'est le jour et la nuit
Ah demain à demain

c'était hier c'est après-demain
le rendez-vous des voleurs internationaux
le meeting des menteurs internationaux
l'assemblée générale des tricheurs patentés
c'est aujourd'hui tout à l'heure
toute la vie une cigarette comme un sourire
sur les lèvres une autre cigarette
et les tasses de café en série
un verre de fine ou deux ou trois
jusqu'à demain
Allez allez tout ce que vous me direz je le sais
je me le dis chaque matin et chaque soir
comme vous tous payeurs conseilleurs
marchands de sucre de caramel
mais ne le répétez pas cela n'en vaut pas la peine
ni le temps qu'on use à perdre haleine
enfant du jour enfant des nuits
apprenez à parler avant de vouloir dire
ce que vous pensez et ce que je pense
mais surtout pas de gros mots

À TOUTES LES PORTES

Qu'il est lourd ce soir
et qu'il est lent
ce parfum de feuilles sèches
que chacune des secondes
chasse et reprend
ce bruit dans ma tête
est dur
quand chaque écho
de ce qui est lointain
ou inconnu
frappe à toutes mes portes

ODEUR D'ANÉMONES

Noctambules
voyageurs des rues
oiseaux de passage et de nuit
je vous menace
de l'insomnie
du délire
de la bastonnade

Je vous délivre
à l'heure des anémones
à l'aube indifférente
couleur du désespoir
et de la lucidité
Le sommeil vous ronge
l'ennui vous dévore
à quoi songez-vous donc
au temps à la gloire
à l'amour ou à la mort

EST-CE VOUS

Qui est fou
est-ce moi est-ce vous
est-ce le temps avec sa faux
ou la cloche qui sonne faux
est-ce le père est-ce l'enfant
est-ce le cerf ou bien le faon
la nuit et tous ses parfums
le rêveur et ses songes sans fin
celui qui mange sans avoir faim
est-ce vous est-ce moi enfin
C'est moi c'est vous
il faut aimer à la folie
croire au songe et à l'oubli
bien sage est qui l'avoue

LENDEMAIN MATIN

Les nouilles de votre jardin
chère Madame on désespère
ne sont pour moi débile
que balançoires et boulingrins

Comment veut-on que je digère
chère Madame aidez-moi
ces vautours trop mal cuits
et les valseurs au gratin

Pardonnez papillons
vous êtes les miracles
qui peuplez nos rêves
et nous laissez rêveurs

VOICI ET VOILÀ

Voici les maquignons
les vendeurs d'arbalètes
les joueurs de caramel
les enfants sans icônes

Voici des fleurs sans épaulettes
des garçons malheureux
des amis sans pétrole

Voici le cœur à cœur
et la monnaie violette

Voilà une paire de claques
des sabots élastiques
et voici des voilà
et voilà des voilà

Nous n'en finirons pas
c'est bien ce qu'on demande
quand voilà les voilà

SILENCE S.V.P.

La femme dit tu le père dit toi
moi je ne dis rien du tout
Il est doux de se taire
Il est bon d'espérer
quand les autres ne cessent de parler

Si le cœur t'en dit
nous allumerons les réverbères
nous causerons
ce n'est pas tout d'aimer
Il faut encore se pendre

Parlons parlons puisque tout parle
et que la lune n'est qu'un mot
Promettons les étoiles
gardons notre secret
chacun pourra tenir parole

C'EST VRAI

Sept veaux
c'est peu
sept œufs
c'est beaucoup

Mille huit cent quatre-vingt-douze
                    c'est sec
Mille huit cent quatre-vingt-dix-sept
                    c'est trop

Pomme poire et pendulette
                    c'est émouvant
Rien n'égale la satinette
                    c'est évident

N'essayez pas de m'arrêter
                    c'est décidé
la lune l'orage et le poirier
                    c'est lune

SECRET

Sous le règne des balançoires
aquarellistes enfants de chœur
nous racontent maintes histoires
et nous font tourner le cœur

Le cœur tourne et la nuit noire
pas un mot à votre sœur
c'est la nuit des encensoirs
où tout glisse même le passeur

Cachez ce secret dans l'armoire
sous le lit sous l'ascenseur
mais exercez votre mémoire
et traitez-la sans douceur

ET VOUS

Je suis cet homme
dont on dit qu'il est noir
comme la porcelaine
fragile comme l'encre
roux comme un zèbre
doux comme un tigre
et cætera

Ses dents tremblent
Son cœur tourne
ses mains claquent
sa tête bat
et cætera
et cætera

Il a le cœur sur les lèvres
il a le sourire sur la main
les talons dans l'estomac
et cætera et cætera
et cætera

Son cousin n'est pas le roi
et cætera et cætera et cætera
et cætera

RÊVES

Près des villes miraculeuses
puisque vous rêvez rêveuse
sur les rives de la vie
fleuve de peine ou fleuve d'oubli

Vivez rêveuse revivez
tous les songes que vous aimez
ne sont ni mensonge ni folie
ô rêveuse que je vous envie

De l'avenir rêvé qui vous rit
rien ne meurt de vos rêveries
ni les soucis ni les douleurs
ni le sourire du bonheur

Vos rêves ce sont les couronnes
des nuits des heures monotones
que vous donnez à ceux qui meurent
de ne croire qu'à ce qui demeure

Donnez-moi vos rêves rêveuse
la vie est longue et malheureuse
pour celui qui veut s'obstiner
à n'atteindre que la vérité

BROUILLARD ET Cie

Le temps coule comme coule le sang
et je passe comme passe le temps
portant mon cœur ce fardeau
que chaque jour gonfle et alourdit

J'ai voulu vivre en revivant
les jours perdus les rêves rêvés

Le crépuscule n'attend pas
que disparaissent les souffrances
infligées reçues ou niées.

Le temps passe et aussi repasse
traînant son cortège de remords
ses refrains ses lueurs ses échos
le temps passe sur le même chemin

Il faut aller à sa rencontre
sur la route contre le vent
et surtout ne plus attendre
que s'évanouissent les fumées
les heures les nuits les années
toutes plus blanches que les ossements

GRAMMAIRE

Peut-être et toujours peut-être
adverbes que vous m'ennuyez
avec vos presque et presque pas
quand fleurissent les apostrophes

Est-ce vous points et virgules
qui grouillez dans les viviers
où nagent les subjonctifs
je vous empaquette vous ficelle

Soyez maudits paragraphes
pour que les prophéties s'accomplissent
bâtards honteux des grammairiens
et mauvais joueurs de syntaxe

Sucez vos impératifs
et laissez-nous dormir
une bonne fois
c'est la nuit
et la canicule

ÉCHANGES

Vous donneriez volontiers
une tartine ou un cercueil
pour une paire de souliers

Je donnerais pour un œil
une dent ou un râtelier
Nous pouvons nous arranger

Pour une bouchée de pain
vous donneriez volontiers
une bonne poignée de main
un cheval pour un royaume
l'éternité pour une pomme
Inutile de discuter

Marchés conclus
Marchés perdus
le diable n'achète plus les âmes
Tout est noir aujourd'hui Madame
les marchés
et les âmes

MADRIGAL

Faut-il crier chérie
puisque j'entends qu'on veut vous tuer
à petits coups avec des mots
des petits sourires des clins d'œil

Faut-il crier mon amour
puisqu'on vous étouffe peu à peu
avec des mots tendres comme les œufs
avec des souvenirs d'enfance

Faut-il crier petite fille
puisqu'on vous assassine gentiment
en vous berçant en vous souriant
en vous jouant les airs connus

Je crie je crie et je crierai
comme crient les paralysés
les lépreux les intouchables
les enfants malades

BAGARRES

Je me bats le jour je me bats la nuit
batailles contre la mélancolie
cette vieille pieuvre toujours éveillée
qui me guette au coin des années
au coin des rues et des souvenirs
et lance son refrain mourir
alors que je veux vivre mille fois
que je veux aimer que je veux la joie
qu'il est temps enfin d'espérer
temps de croire temps de respirer

Je porte une flamme dans mon cœur
elle brûle c'est mon enfant ma sœur
c'est la vie qui sourit qui murmure
c'est le temps qui fuit pour que dure
le grand incendie toute la vie
sans remords sans mélancolie
dans l'univers qu'ont créé
les rêves et toute la vérité
seule vérité ma vérité lumière
pour aujourd'hui demain hier

PETITE CHANSON
POUR UNE ORPHELINE

A quoi rêvent les orphelins
quand la mort rôde et aboie
Le désespoir attend son tour
quand s'annonce la solitude

Orpheline aux yeux noirs
petite fille de la nuit
donnez-moi la main

Nous sommes tous des orphelins
vêtus de sombre et de chagrins
Nous voulons vivre d'espoir
n'est-il pas déjà trop tard

Petite fille aux yeux noirs
orpheline de la nuit
votre main donnez-la moi

SALLES D'ATTENTE

Solitude ce n'est pas la pitié
morose ou la grandeur sans nom
une guirlande qui promet
et ne tient pas

Solitude sans joie ni délices
promenade qui n'aboutit pas
on tourne en rond
et l'on attend ce qu'on attend

Solitude preuves à l'appui
qu'on cherche en vain dans un miroir
poussière qui tombe comme neige
et qui descend comme la nuit

J'attends la solitude c'est la mort
elle est à portée de mes mains
je n'ose les fermer j'ai peur
et j'attends il faut attendre

365 HEURES

Jours blancs jours de peine
jours de laine moutons
que l'on pousse et que l'on tond
troupeaux de jours sans haleine

Jours longs comme les cheveux
blancs comme la neige et le feu
cendres et fumées et cendres
escalier qu'il faut descendre

Petits vieux en robe de peine
jours creux comme assiettes vides
quand la faim mord et morfond
vieilles journées et feuilles mortes

La vie passe comme un véhicule
devant les fenêtres fermées
et nous serons bien ridicules
devant nos miroirs brisés

Rions puisque vous demandez
que les jours soient des souvenirs
quand on a perdu la mémoire
et qu'il faut rire et qu'il faut vivre

PERDUE ET RETROUVÉE

Si vous me dites ce que je pense
et que le temps est perdu
je croirai que vous oubliez
la chance et la vérité

Perdue dans la forêt
des vérités éclatantes
la lune se tait
et vous dormez

Mes rêves ne sont pas à vendre
et je ne donne que le reflet
de ce qui brûle et dévore
l'angoisse et l'amour mêlés

LUC

chanson arabe

Tout le monde dit luc
quelqu'un m'a dit luc
luc à droite et luc à gauche
luc partout et partout luc
luc dit luc et redit luc
Bonjour luc et adieu luc
C'est pour luc et contre luc
que fleurissent lucs
et lèpres vertes

AUX ASSASSINS LES MAINS PLEINES

Suis-je un assassin
je n'ai qu'à fermer les yeux
pour m'emparer d'un revolver
ou d'une mitraillette
et je tire sur vous
vous tous qui passez près de moi

Je ferme les yeux
et je tire
à perdre haleine
de toutes mes forces
et je vous atteins tous
connus ou inconnus
tous sans exception

Je ne sais même pas si vous mourrez
je ne vous entends pas
je tire en fermant les yeux
et vous tombez sans un cri
et vous êtes nombreux comme des souris
comme des poux
je vous abats
car je tire dans le tas
vous n'avez même pas le temps de rire
je tue tous ceux qui se présentent
sans même savoir leurs noms
ni apercevoir leurs visages
je tue tout le monde sans distinction

La nuit m'appelle à l'affût
je n'ai même pas besoin de bouger
j'appuie sur la gâchette
et toute la compagnie dégringole
je tue aussi un à un
ou deux par deux
selon les nuits
ou lorsqu'il fait très noir
mais je ne me tue jamais
j'écoute les coups de revolver
et je continue
je ne rate jamais personne
et ne perds pas mon temps
je ne vois pas le sang couler
ni les gestes des moribonds
je n'ai pas de temps à perdre
je tire et vous mourez

MORT SANS PHRASE

C'est la mort qui passe ici si tard
compagnons de misère et frères de la joie
nous la saluons au passage
qu'elle passe passe qu'elle s'éloigne

Je l'ai vue cependant et sentie
elle sent la cendre la terre humide et le soufre
elle m'a touché quand j'ai fermé les yeux
son pied s'appuyait sur mon cœur
et sa main me serrait la gorge
je n'ai pas crié je ne me suis pas défendu
j'ai attendu et j'attends encore
Je me suis réveillé éveillé
la main levée les dents serrées
c'était mon anniversaire
et j'ai compté les années comme des secondes

J'ai beaucoup vu rien entendu
j'ai ce matin à l'aube
comme si on me donnait un ordre
établi l'inventaire
de tout ce que je possède
est-ce peu de chose est-ce rien

Faut-il même encore y penser
mais je me souviens des amis
de ceux que je connais encore
de ceux que je n'ai pas connus
il faut bien tout de même

que je leur laisse quelque chose
même s'ils m'oublient
parce qu'ils m'oublieront
comme ils ont déjà oublié
le vent la pluie et le soleil
leurs mains leurs yeux leurs oreilles
et le goût du pain et la couleur du vin
et les parfums des quatre saisons
Est-ce que l'aurore vous rend avare
quand on frissonne dans le silence
et que l'on fuit sur le chemin du jour prochain
des jours passés des souvenirs
et de tous les projets mort-nés
Avarice couleur de l'aube
compagne des pires insomnies
il est temps de finir de lâcher cette proie
car je veux laisser quelque chose
à ceux qui m'ont tant donné
à ceux qui n'ont pas su refuser
à ceux qui m'ont tendu la main

Je voudrais donner la paix
à celles qui m'ont un peu aimé
ne laisser qu'un souvenir
image d'une flamme incertaine
qui s'efface peu à peu
trace d'une brûlure
qui disparaît au fur et à mesure
que le temps passe
et que les feuilles poussent

Sans doute je ne puis accorder
que ce qui ne m'appartient pas
mais que j'ai beaucoup aimé

le vent la pluie le soleil de novembre
l'odeur du feu de bois
et celle du goudron dans le brouillard
la chaleur d'une main
et l'éclat d'un regard
ce mirage ou cette étoile
que j'ai nommés que j'ai élus
quand j'avais peur de l'avenir

SOUPIRS

A quelle heure mourrez-vous Monsieur
monsieur Durand monsieur Soupault
peut-être tout à l'heure à la bonne heure
les anges ne répondent jamais
quand on leur demande l'heure
les songes n'indiquent ni le jour ni l'heure
les singes et les juges préfèrent se taire
Demandons donc l'heure qu'il est
aux bactéries aux cancers aux militaires
aux coups de feu aux mauvais coups
à la lune et aux malfaiteurs
dites-moi quelle heure est-il
et l'heure exacte qu'il était
quelle heure sera-t-il exactement
Soupirons pour apprendre à mourir
à l'heure convenue
à l'heure dite
toujours trop tôt toujours trop tard
soupirons comme un feu de bois
comme un feu de paille et de joie
soupirons puisqu'il faut mourir
et soupirer une dernière fois

LA GALETTE

Le roi voit tu seras reine
la reine vit et je suis roi
cela en vaut-il la peine
puisque c'est toi et que c'est moi

je songe à nos épiphanies
qui furent tristes ou sereines
à ces rêves jamais finis
où j'étais roi et toi reine

Notre royaume est infini
puisqu'il est à toi et à moi
à notre amour jamais fini
quand tu es reine et moi roi

Vive le roi vive la reine
vive l'amour à bas les lois
puisque tu es la souveraine
de nos rêves et de nos joies

CHANSON POUR LES BAPTÊMES

Mélancolie Mélancolie
quel joli nom pour une jeune fille
Neurasthénie Neurasthénie
quel vilain nom pour une vieille fille

Je cherche un nom pour un garçon
un nom d'emprunt un nom de guerre
pour la prochaine et la dernière
pour la dernière des dernières

Espoir Peut-être Agénor
ou Singulier ou Dominique
un nom à coucher dehors
au temps des bombes atomiques

Mais je préfère Nuit
pour celle que j'aime et chéris
Nuit brune Nuit douce
Nuit claire comme eau de source

CHANSONS DU BOUT DU QUAI

Les filles de **Gentilly**
sont toutes lumineuses
et les gars de Bagnolet
songent aux pêches miraculeuses
A quoi pensent donc les enfants
de Bécon-les-Bruyères
est-ce aux rêves aux tourments
des mômes d'Asnières
Et les gosses de Paris
les petites de la cité
se penchent sur les reflets
suivant méditant des baisers
Ainsi nous jouons à qui mieux mieux
pour le plaisir d'en rire
Parisiens du samedi
promeneurs du dimanche
flâneurs de la semaine

BERCEUSE

Je vous donne mes rêves
afin que vous sachiez
l'odeur de vos cheveux

Je vous donne mes songes
pour que vous connaissiez
la lumière de vos yeux

Je vous donne mes fièvres
parce que vous oubliez
le parfum de vos lèvres

POUR LES MAUVAIS JOURS

Courage mon garçon
courage polisson

Nous battrons la semelle
    et le briquet

Nous couperons la ficelle
    et le sifflet

Nous tiendrons la chandelle
    et le bon bout

Courage polisson
Courage mon garçon

POUR ALICE

Est-ce un oiseau qui aboie
une lampe qui fume
un enfant qui verdoie
C'est un lapin qui chante
un homme qui rit
un prêté pour un rendu
Alice ma fille ma plume
jouons enfin au plus fin
au jugé à la tartelette
Il faut nous donner la main
les lunettes sur nos cheveux
et les cheveux sur nos lunettes

BON CONSEIL

Ma mère ne m'a rien dit
     c'est dommage
Je ne sais même pas où aller
     et après
Je nage je flotte je vogue
     catastrophe
Je marche je chante je crie
     funérailles
Il faut tout recommencer
     c'est odieux
Je ne sais même pas où aller
     et après

CACHE-CACHE

Voulez-vous jouer les amis
au jeu du petit lapin gris
ou bien au serpent à sonnette
dépêchez-vous la mort vous guette

Voleurs mendiants combinards
vous les tricheurs en série
tricheurs à la petite semaine
dépêchez-vous la mort vous guette

Vendus valets autres voyous
beaux travailleurs du chapeau
vous n'l'emporterez pas avec vous
dépêchez-vous la mort vous guette

MASSACRE DES INNOCENTS

Enfants d'Edouard et de Marie
enfants de Louis enfants de Jules
enfants du calendrier

Enfants prodiges et naturels
enfants martyrs et de l'amour
enfants abandonnés

Enfants d'hier et de demain
enfants du soir et de putain
enfants catalogués

Enfants des enfants des enfants
enfants sans tête ni pieds
enfants des bonnes années

Enfin enfants vous respirez
vous sucerez le sirop d'orgeat
et les bonbons des bonnes familles

Sucez léchez puisque tous lèchent
et qu'une paire de claques vous attend
enfants mes petits-enfants
et mes arrière-petits-enfants

À RECOMMENCER

Mon gros garçon bien mal peigné
avec qui voulez-vous danser
C'est une putain qu'on vous propose
et vous préférez les roses
Avec qui voulez-vous danser
espèce de crétin mal léché

TOUTE LA FORÊT

Au coin d'un bois
une petite lumière
au coin d'un bois
un grand orphéon
au coin d'un bois
un beau saligaud
au coin d'un bois
des milliers d'yeux
au coin d'un bois
la mer et ses poissons
au coin d'un bois
les meilleurs fils du monde
au coin d'un bois
un bois au coin d'un bois

DAME DE CŒUR

Ce n'est pas vous ce n'est pas moi
qui ramasserons les hirondelles
c'est une enfant et c'est bien elle
qui saura tromper le roi

Elle est la reine et fidèle
elle joue toujours au fond des bois
comme le cor et le hautbois
à cache-cache ou à la marelle

Soyons discrets vous et moi
ne répétons que l'essentiel
pour qu'elle oublie les étincelles
les trompes de chasse et le tabac

HOP ET HOP

Il y a des Hop ici des Hop là
il y a sûrement des Hop partout

Les Hop ne sont pas ce que l'on croit
des crève-la-faim des va-nu-pieds
ce sont les grands noms du Gotha
la fine fleur du Bottin mondain

Nommez des Hop ici des Hop là
nommez des Hop de-ci de-là

Il ne s'agit pas mes seigneurs
de jouer comme à saute-mouton
mais en bien humbles serviteurs
de prendre des Hop pour des boutons

Il y a des Hop là des Hop ici
tous les espoirs sont permis

IMITATION DES FLEURS

Puisque l'on vous dit
que les fleurs parlent
n'écoutez plus les gigolos
Imitez donc les abeilles
les papillons les coccinelles

Les lilas sont infidèles
bien plus que les artichauts
les chardons et les résédas
Imitez donc la glycine tendre
comme la poitrine d'un oiseau

Votre emblème n'est-il pas la pensée
cœur clairvoyant fleur sincère
aussi fragile qu'une larme
mais après les fleurs de la terre
acceptez toutes les fleurs du ciel
qui chantent le jour rêvent la nuit

MONSIEUR PEPINET

Où donc est M. Pepinet
Qui donc est M. Pepinet
Il est fier comme Artaban
Il est beau comme un astre
Il est tiré à quatre épingles
Il est bête comme une oie

Où donc est M. Pepinet
Connaissez-vous M. Pepinet
Il aime bien son petit confort
Il préfère les calcéolaires
Il marche dans les plates-bandes
Connaît-il le pays
Sans fleurs ni couronnes

Où donc est M. Pepinet
Connaissez-vous M. Pepinet
Cherchez-vous M. Pepinet
Ohé Pepinet Ohé Pepinet
C'est vous c'est moi c'est nous tous
Et puis tout de même vive M. Pepinet

BARBE À BULLE

Où est le pope où est le pape
où est la barbe de papa
où est le pope et le grand pape
où est le papa à barbe

Moi je ne suis pas le pape
ni même le cousin du roi
je ne suis certes pas infaillible
surtout quand il s'agit de moi

Vous vous vous croyez le pape
un grand homme au grand chapeau
avec son immense cerveau
ses interdits ses cardinaux

O grand pape grand pope grand papa
chef du mouvement et cætera
vous prêchez comme les moutardiers
prêchera bien qui rira le dernier

PIS ALLER

Ouvrez l'œil mon ami
ouvrez l'œil et le bon
et fermez bien la bouche

Souvenez-vous dans vos prières
de toutes les gaffes commises
des injures jetées lancées
Rappelez-vous sans vergogne
des cicatrices de votre cœur
et des nausées de vanité

Ouvrez la bouche l'œil le nez
si vraiment vous y tenez
et puis allez vous promener

PIERRE PONCE

Ouvrez donc les mains
Regardez vos mains
Du sang sur vos mains
Fermez bien vos mains

On verra tout de même vos mains
on coupera sûrement vos mains
on enterrera bientôt vos mains
on n'oubliera jamais vos mains

Le destin est encore en vos mains
l'avenir est aussi en vos mains
ouvrez donc toutes grandes vos mains
vos mains propres vos propres mains

SCRUPULES

S'agit-il pour vous
      et pour moi
s'agit-il pour tous
      et pour moi
de confier sans honte
      et sans joie
au tombeau des secrets
le secret de la tombe

Il s'agit bien de notre mort
de votre mort et de la mienne
Il faut donc chanter à pleine voix
ou bien la joie de vivre
ou la mort de la joie

LE MEILLEUR DU MONDE

Avez-vous envie de sourire
de revivre ou de mourir
quand il pleut à fendre l'âme
quand il neige à perdre haleine
quand l'aube pâlit comme une morte

Avez-vous envie de rêver
de crier ou de soupirer
quand une femme pleure à chaudes larmes
que vous saignez à blanc
et qu'on frappe à votre porte

Avez-vous envie de chanter
de hurler ou de siffler
quand on prononce votre nom
quand on vous dit qu'il est minuit
et qu'un beau jour est fini

BEAU TEMPS POUR LA SAISON

Quand le soleil pour déjeuner
s'abreuve d'amour et d'eau fraîche
toute honte bue le rouge au front
il ne s'enivre qu'au crépuscule

Ce fabricant de brouillards
de brumes et d'illusions
regardons-le bien en face
les yeux rouges ou les yeux fermés

Car les grands nuages des souvenirs
souvenirs à couper au couteau
souvenirs en vrac ou en masse
pourra-t-il jamais les solder

SOYEZ SAGES

On dit le jour et la nuit
j'ai beaucoup rêvé
de trois garçons
et d'une fille de douze ans
Pas la peine de s'énerver

Pas la peine de s'énerver
pour des enfants en bas âge
Sommes-nous fous sommes-nous sages
Ne s'agit-il que de rêver
le jour aussi bien que la nuit

À TOUT HASARD

Chanson vécue

Une lampe de chevet
une planche à repasser
une table de salle à manger
une garniture de cheminée
une pince à épiler
une pelle en fer forgé
est-ce la chance ou le hasard
tout le bazar *(bis)*

Un tapis de chambre à coucher
un beau fer à repasser
un fauteuil bergère ou berger
un divan bien recouvert
un séchoir en fer forgé
est-ce la chance ou le hasard
tout le bazar *(bis)*

Une paire de navets une paire
une paire de draps une paire
une paire de rideaux une paire
une paire de claques une paire
une paire de souliers une paire
est-ce la chance ou le hasard
tout le bazar *(bis)*

Une douzaine de torchons à la douzaine
une douzaine de taies d'oreillers

une douzaine de fourchettes et couverts
une douzaine d'assiettes et couverts
une douzaine de petites cuillers
est-ce la chance ou le hasard
tout le bazar *(bis)*

Quatre planches pour un cercueil
quatre grands cordons de poêle
quatre longs murs de terre
quatre chevaux et une jument
quatre larmes quatre sanglots
est-ce la chance ou le hasard
tout le bazar *(bis)*

Ni la chance ni le hasard
le bazar de la destinée
la destinée du bazar
le bazar et la destinée
tout le bazar *(bis)*

POUR LA LIBERTÉ

Laissez chanter
l'eau qui chante
Laissez courir
l'eau qui court
Laissez vivre
l'eau qui vit
l'eau qui bondit
l'eau qui jaillit
Laissez dormir
l'eau qui dort
Laissez mourir
l'eau qui meurt

CHASSÉ-CROISÉ

Un certain monsieur
Loup Pou ou Hibou
une jolie demoiselle
Est-elle Cruelle ou Hirondelle
un gentil petit garçon
Guy Gontran ou Gaston
un roquet nauséabond
Dick Médor ou Azor
un affreux gros matou
Pompon Minet ou Minou
un stupide canari
Serin Coco ou Kiki
Tous ensemble
devant la fenêtre
quand s'épanouit
le crépuscule
Ne vous croyez pas
plus malins
que vous n'êtes

EN VITESSE

berceuse

Mon petit brun mon petit blond
enfant des bois et des chansons
papillon sage et vertueux
enfant rose enfant bleu
petit couillon à sa mémère
petit couillon à sa maman
à qui l'on donne des images
des paires de claques
et des morpions
une douzaine d'huîtres
un éléphant
un goupillon
et une salade
pour tout potage
un potiron
un tapis de table
un lampion
un verre de lampe
et une charade
avec par-dessus le marché
un crayon rose un crayon bleu
une marmelade de potiron
et du bon saucisson de Lyon
une mayonnaise
des champignons
du lait de chèvre
et un blouson
en poil de singe ou de toutou
pour le bon petit garçon
aussi gentil que son poupon

comme un enfant à sa mémère
à l'occasion à l'occasion
on lui fêtera ses vingt-cinq ans
avec du beurre et des chansons
des crèmes fouettées
des berlingots et des suçons
petit couillon à sa mémère
petit couillon à sa maman
bleu comme papa
rose comme poupon
Si tu n'dors pas avec tout ça
mon petit enfant
mon petit garçon
mon petit couillon
je te fous à leau
ou dans le bouillon
avec ton frère
et tes morpions
et tes ancêtres
et tes lardons
et ton sourire
et tes misères
Dors mon bébé
Dors mon p'tit père
Dors mon garçon
à l'occasion

AMIS D'ENFANCE

Ceux qui vous disent bonjour
Ceux qui vous saluent simplement
Ceux qui vous font couac en passant
Ceux qui disent toujours amen
Ceux qui vous donnent signe de vie
Ceux qui vous disent merde
Ceux enfin qui ne vous disent rien
Ce sont peut-être les plus dévoués

AVANT LA DOUCHE

Une goutte d'eau
la pluie
une averse
la brume
le brouillard
une ondée
l'orage
la tempête
la tornade
un sanglot
une larme
Allons allons
l'eau est tirée
il faut la boire

POUR PAUL

Entre l'enfance
et la vieillesse
celui qui ferme
    les yeux

Entre l'amour
et la jeunesse
celui qui ouvre
    les yeux

Entre la jouissance
    et l'ivresse
celui qui cligne
    des yeux

C'est Paul
mon ami Paul
    Paul
et toujours Paul

AH BIEN C'EST DU JOLI

Je vous l'avais bien dit Ah
C'est bien de votre faute Ah
Bien la peine de faire le malin Ah
Vous l'avez bien cherché Ah
Ça vous fera une belle jambe Ah
Vous voilà dans de beaux draps Ah
Maintenant vous êtes bien avancé Ah
Je vous fais bien mes compliments Ah
Vous parlez d'une belle réussite Ah
En effet voilà du beau travail Ah
Vous êtes un joli monsieur Ah
Il y a bien de quoi se vanter Ah
Vous avez fait un joli coup Ah
Et tout est bien qui finit bien Ah

LITANIE

Laide comme une poule
Sale comme une teigne
Rouge comme une laque
Noire comme une ancre
Bête comme une peste
Peste comme une oie
Plate comme une affiche
Longue comme jour sans vin
Dure comme un agneau
Pâle comme l'amour

Ne priez pas pour nous
nous vous en prions

AU CRÉPUSCULE

Bonsoir doux amour
comme disait Shakespeare
Bonsoir mon petit pote
comme disait Jules
Bonsoir bonsoir mon père
comme disait l'enfant de chœur
Bonsoir bonsoir mon fils
comme disait le curé
Bonsoir vieille noix
comme disait l'enfant de chœur
Bonsoir mon chou
comme dit le jardinier
Bonsoir les enfants
comme disent les enfants
Ariane bonsoir ma sœur
comme aurait dit Racine
Bonsoir mon trésor
comme disent les banquiers
Bonsoir ma cocotte
comme dit la fermière
Bonsoir mon loup
comme dit la bergère
Bonsoir les amoureux
comme disent les eunuques
Bonsoir bonsoir bonsoir
comme disent les inconnus
Mille bonsoirs de bonsoirs
comme disent les militaires
les nourrices et les chaisières
Bonsoir tout le monde

comme tout le monde le dit
Vos gueules là-dedans
disent enfin les poètes
Et comme ils ont raison

MEILLEURS VŒUX

Le rossignol un soir a dit
j'aimerais mieux danser
et c'est la mouche qui répondit
et moi je voudrais ramper

Serpents à sonnettes
serpents à lunettes
imprudents comme des bébés
Savez-vous aussi danser
savez-vous aussi sauter

Et vous tous poètes impuissants
beaux musiciens syphilitiques
joueurs de violons authentiques
ténors barytons mugissants
il faut apprendre apprendre
à prendre
à chanter
à sauter
à lutter
à ramper
et à danser

RONDE

Quel est celui d'entre vous
qui rira le dernier
Quel est celui d'entre nous
qui mourra le premier

Qui est le plus bête de nous tous
est-ce moi est-ce lui est-ce vous
Qui est plus sage ou plus fou
ce n'est ni moi ni surtout vous

Rira bien qui mourra le dernier
Tout sera à recommencer
Mourra bien qui naîtra le premier
Il faut quelqu'un pour commencer

CHANSON DU PÈLERIN

Spécialiste des pèlerinages
je cours pour toujours souffrir
je suis trop grand pour mon grand âge
un enfant qui voudrait mourir
le long d'un quai abandonné
le fleuve gris comme ma peine
fleuve invincible comme l'ennui
pousse mes souvenirs mes épaves
une ombre sortie de la nuit
me poursuit à perdre haleine
le long du quai abandonné
Qui donc est-elle celle qui lutte
que je cherche à retrouver
cette ombre claire comme le regard
celle qui auréole les années
celle qui me fuit celle qui lutte
le long d'un quai abandonné

UNE FOIS N'EST PAS COUTUME

J'ai peur pour vous j'ai peur pour moi
Il ne faut jamais rire en vain
votre cœur est vide comme vos mains
et j'ai peur pour vous autant que vous êtes
Les riches les pauvres les drôles les malins
quand viendra le sommeil et les rêves
les cauchemars et les insomnies la nuit
tout ce que vous croyez pouvoir oublier
tout ce qui se tait tout ce qui recule
pour mieux crier pour mieux sauter
J'ai peur pour vous autant que vous êtes
ceux qui ricanent et ceux qui crânent
ceux qui font les drôles et les malins
Tous la poitrine gonflée et les mains vides
et le cœur vide comme les mains
quand l'aube sans pitié se lèvera
et que vous verrez qu'il est temps de vivre
une nouvelle journée une nouvelle nuit
qu'il faut vivre quelques années encore
mais pas davantage pas davantage
J'ai peur pour vous j'ai peur pour moi

POUR LE COIFFEUR

Nos amours nos rêves nos enfants
ont toujours des cheveux trop longs
comme les herbes des marécages
et les souvenirs d'un autre âge

Est-ce le moment de les peigner
de les couper de les brûler
de les plonger dans l'écritoire
pour le bal de la préhistoire

Chacun croit mieux vivre que moi
et peut-être faut-il le croire
je n'ai qu'à lire dans mon miroir
ce que je serai dans six mois

C'EST À VOUS QUE JE M'ADRESSE

Bref il est toujours facile
de croire que tout finit
et de se moquer du monde

Mais quand il s'agit
de mourir à petit feu
et d'agoniser bravement

Alors il faut bien chanter
crier maudire ou hurler
que la vie est un enfer

Et croire que tout est fini
et tout est à recommencer

PLAINTES DE LA TRICOTEUSE

Suspendez les points
points de suspension
point et virgule
virgule virgule point
Exclamons les points
points d'exclamation
interrogeons les interrogations
points d'interrogation
plusieurs points
point point point
et point à la ligne
à la ligne

CHANSON DE LA FILEUSE

Vous y croyez vous à la vie
à la vie à la vie à la vie
vous y croyez donc au temps
qui passe qui passe qui passe
vous y croyez donc à la vie
qui passe qui passe qui passe
vous croyez à la vie au temps
au temps au temps au temps

POUR LA VAISSELLE

Aimons les fleurs et leur parfum
aimons-les surtout pour elles
les narcisses lilas ou jasmins
Ne pensons plus à la vaisselle

Souvenons-nous du romarin
choisissons parmi les plus belles
la rose l'œillet ou le thym
Ne pensons plus à la vaisselle

N'oublions pas le plantin
fleur aimée des coccinelles
des papillons et des serins
Ne pensons plus à la vaisselle

ÂGES DE L'HUMANITÉ

Dix ans déjà
un sucre d'orge
vingt ans à peine
une canne et des gants
trente et quarante ans
de la barbe au menton
voici la cinquantaine
un miroir et des mitaines
pour les plus de soixante ans
des lunettes et des boutons
la fleur de l'âge soixante-dix
une fleur à la boutonnière
quatre-vingts ans quatre-vingt-dix
un sucre d'orge
c'est déjà trop

RUMBA DU RONFLEUR

Ecoutez-vous
Entendez-vous

Il faut siffler

qui grommelle
derrière le mur
derrière le bois
derrière la nuit

Il faut siffler

celui qui dort
sans rêves
et sans fin
celui que rien
pas même lui
n'éveille

Il faut siffler

Finit-il
de grommeler
de gronder
de murmurer

Il faut siffler

Eveillez-vous
celui qui dort
celui qui vit

Il faut siffler

Eveillez-vous
vous qui dormez
vous qui vivez

Il faut siffler

AVEC ET SANS PHRASES

Est-ce toi qui m'abandonnes
est-ce moi qui t'abandonne
mort que je guette et que j'attends
le jour la nuit tout à l'heure
pourquoi serais-je si différent
compagne discrète et silencieuse
qui sait mon nom mon âge mon heure
toi qui me guettes toi qui m'attends
nous nous rencontrerons demain
ou dans dix ans ou dans une heure

39,5

Persécutés par la fièvre
nous errons dans une forêt
pour y rencontrer nos rêves
nos tourments et nos secrets

Il faudrait savoir où l'on est
et trouver les voies étroites
qui mènent à Rome ou ailleurs
peut-être même au bout du monde
et toujours à tout bout de champ

La nuit vient à pas de loup
pour nous dévorer tout crus
comme les grands crocodiles noirs
enfants sacrés de notre enfance

Sommes-nous assez forts pour lutter
contre ces armées de fantômes
qui naissent comme les souris blanches

Cherchons sans cesse les chemins
les routes de nos pèlerinages
où les souvenirs nous attendent
avec leur cortège de délires
de sanglots et de regrets

FRÈRES AVEUGLES

Pensez à tous ceux qui voient
vous tous qui ne voyez pas
où vont-ils se laisser conduire
ceux qui regardent leur bout de nez
par le petit bout d'une lorgnette
Pensez aussi à ceux qui louchent
à ceux qui toujours louchent vers l'or
vers la mer leur pied ou la mort
à ceux qui trébuchent chaque matin
au pied du mur au pied d'un lit
en pensant sans cesse au lendemain
à l'avenir peut-être à la lune au destin
à tout le menu fretin
ce sont ceux qui veillent au grain
Mais ils ne voient pas les étoiles
parce qu'ils ne lèvent pas les yeux
ceux qui croient voir à qui mieux mieux
et qui n'osent pas crier gare
Pensez aux borgnes sans vergogne
qui pleurent d'un œil mélancolique
en se plaignant des moustiques
des éléphants de la colique
Pensez à tous ceux qui regardent
en ouvrant des yeux comme des ventres
et qui ne voient pas qu'ils sont laids
qu'ils sont trop gros ou maigrelets
qu'ils sont enfin ce qu'ils sont
Pensez à ceux qui voient la nuit
et qui se battent à coup de cauchemars

contre scrupules et remords
Pensez à ceux qui jours et nuits
voient peut-être la mort en face
Pensez à ceux qui se voient
et savent que c'est la dernière fois

IL FAUT BIEN

Il faut bien donner du cœur au ventre
ce n'est pas le plus gai
mais que les enfants s'amusent
Il faut bien prendre son courage à deux mains
en mains propres
et que la jeunesse se passe
Tout est perdu fors l'honneur
l'amour et l'eau claire
Il faut bien dormir sur les deux oreilles
les poings fermés
couper les cheveux en quatre
bras et jambes
se mettre martel en tête
et dans le mille
Il faut bien vivre de l'air du temps
celui qu'on tue
crier dans le désert avec les loups
ceux qui ont faim
Faut-il donc mourir de belle mort
et aussi échapper belle
Ne rien perdre pour attendre
de pied ferme

DOIT ET AVOIR

Est-il jamais trop tard
pour bien faire bien dire
    bien-aimée
que le temps est déjà passé
de bien faire bien dire
    bien-aimée
Aidons-nous les uns les autres
à bien faire bien dire
    bien-aimée
Et donnons-nous le conseil
de bien dire de bien faire
    bien-aimée
Mourons puisqu'il le faut
sans rien faire sans rien dire
    bien-aimée
Est-il toujours trop tard
pour bien faire bien dire
    bien-aimée
Ou même encore trop tôt
pour tout faire tout dire
    bien-aimée

DU SOIR AU LENDEMAIN

Filles de la pluie et du beau temps
Filles fileuses de fil en quatre
Filles fabuleuses comme l'Orient
Filles du ciel et du marbre

C'est vous que l'on voit dans les rêves
semant ces songes à pleines mains
et qui fuyez comme les nuages
pour revenir le lendemain

Beaux serments et belles promesses
que vous distribuez gratuitement
et que vous reniez très sagement
un baiser vaut bien une messe

TÉLÉGRAMME URGENT

Voulez-vous être ma sœur de lait
mon amour rose mon enfant bleu
ma bien-aimée des jours de fête
des nuits noires et des soleils clairs

Je suis perdu dans ma forêt
à la recherche d'une étoile
Retrouverez-vous votre chemin
et la clairière où je rêvais

Répondez par télégramme
je suis pressé comme un mulet
et ne sais même plus où vous êtes
mon enfant rose ma sœur de lait

LE FIN DU FIN

C'est encore lui
L'œil mort
La bouche pleine
Le nez au vent
L'oreille dressée
Les mains croisées
Les pieds plats
Le cheveu plat
L'air abruti

C'est lui
vous l'avez reconnu
n'est-ce pas
très facilement

Ne dites ni son nom
ni son prénom
ni son surnom
nous le savons
vous et moi
nous le reconnaissons
chaque fois
que nous le croisons
très souvent
matin et soir

C'est lui
n'est-ce pas
vous l'avez vu et revu

soir et matin
quand il s'endort
quand il s'éveille
ou qu'il sommeille

C'est lui
n'est-ce pas

JEUX PERMIS

Si cela vous plaît
jouez à la gloire
au cerf volant
à la célébrité
au cerceau
à la renommée
à cache-tampon
Si cela vous plaît
jouez au bonheur
à la marelle
au guignon
à la cervelle
au diablotin
à la merveille
Si cela vous plaît
jouez au souci
à la main chaude
au désespoir
à la bonne franquette
au miracle
au feu follet

Et laissez-nous mourir tranquille
même si cela vous déplaît

SANS PHRASES

1953

TAISEZ-VOUS S.V.P.

Le vent du large le brouillard la nuit et les souvenirs
tout ce qui nous sépare d'un continent
quand le soleil se lève trop tard
et que déjà il fait sombre autour de nous
l'espoir et l'attente l'angoisse les bras tendus
flammes qui annoncent une aurore
flammes du matin espérances impatiences
lorsque s'élève une longue colonne de fumée
au-dessus des hommes des millions d'hommes
endormis heureux confiants trop forts

Est-ce que vous avez oublié est-ce que vous nous oubliez
quand nous sommes blessés quand nous râlons
à l'heure de la douleur et du dégoût absolu
vous les hommes vous les femmes et les enfants
qui aimez le bonheur et qui songez à l'avenir
Nous du crépuscule nous les fils de l'angoisse
qui retenons notre souffle notre dernier soupir
parce que nous voulons vivre parce que vous vivez
et nous perdons notre sang et nous perdons haleine
Vous n'avez pas oublié vous n'oubliez pas

Nous savons que vous ne savez pas oublier
que vous attendez l'heure et la minute et la seconde
mais qu'elles sont lentes et lentes et mortelles
quand on étouffe quand on rage et qu'on délire
qu'on écoute et que le silence est une souffrance

VOIES LACTÉES

Que nous sommes nombreux sur cette terre
et que nous sommes seuls quand il s'agit de nous entendre
seuls comme les étoiles
qui savent qu'elles sont déjà mortes
depuis des années-lumière et qu'elles ne brilleront plus
jusqu'à la fin des temps
qui ne seront plus les nôtres

A quoi bon ces adieux ces larmes cette souffrance
qui n'a ni fin ni sens
et ces cris que nous poussons
tellement inutilement
à quoi bon cette souffrance
sans fin ni sens
et cette délivrance
qui n'a pas de nom
et à laquelle nous ne pouvons pas échapper
pas plus qu'à l'éternité
ou à la vérité
Nous sommes pourtant là
tous tous tous ensemble
et nous attendons que passe la souffrance
et que vienne cette délivrance
qui n'a pas de nom pas même le signe de la vie
que nous ne savons pas reconnaître
au passage
et qui n'est qu'une attente de la nouvelle douleur
toujours la même et toujours nouvelle
pour nous tous et pour nous tous ensemble
nous qui sommes si nombreux sur cette terre

POUR MA FÊTE

Je fume souvent la pipe
m'a dit le printemps
et je gonfle de jolis nuages
parfois même je réussis
un arc-en-ciel
ce qui n'est pas si facile
Je sais bien que l'été
me pousse dans le dos
comme on pousse un vieillard
dans une petite voiture
mais j'ai de très bons jours
encore
des longues soirées
lentes et douces
je suis même plus fort
que la nuit et que la pluie
puisque je sais les faire sourire
en fumant ma pipe
et que les nuages que je souffle
composent un grand décor
pour des comédies
où les animaux jouent
un grand rôle
celles de l'amour et de la volupté
et aussi pour me souhaiter
ma fête
et se payer
ma tête

BONSOIR

Que la lune est belle à midi
c'est l'été au coin du feu
quand le vent ronfle dans le désert
et qu'il fait nuit dans vos cheveux

Arbres plantés comme l'espoir
au bord des routes en rang d'oignons
pluie qui protège la pensée
petites sources infatigables dormez-vous

Au matin gris suivi de tous les escargots
de la veille et du lendemain
j'avance au son des trompettes
Dormez-vous dormons-nous
dormirons-nous encore comme les sacristains

Les rêves ne finissent jamais vous dormez
les yeux ouverts et les membres en désordre
On a frappé à votre porte
C'est déjà le matin
c'est toujours le matin

COUPLETS DE LA FILEUSE

Je file les rayons de lune
le vent qui souffle et la fumée
je file des lambeaux de brume
les cheveux d'ange et les reflets
Je choisis les parfums très doux
les lueurs de l'aube et les soucis
pour ma quenouille de cristal
et mes rêves les plus secrets

Quand le soir tombe je file encore
pour que passent le temps et la vie
Je prépare mon crépuscule
mon agonie et mon décès
Tous les fils de ma vie s'emmêlent
et je me perds dans mes regrets
dans l'écheveau de mes remords
en attendant l'heure de la mort

ON VOUS DEMANDE

Depuis que je suis né
et ce n'est pas d'hier
mes jours sont comptés

par qui
et nous ne sommes jamais sûrs
de ne pas nous tromper

Vivons puisqu'il faut vivre
et vivre pour mourir
un jour ou l'autre

quel jour
et nous ne sommes jamais sûrs
de ne pas nous tromper

C'est l'heure de dormir
et c'est une façon de parler
c'est peut-être celle de mourir

qui le sait
et nous ne sommes jamais sûrs
de ne pas nous tromper

CONDOLÉANCES

Surtout ne pas revenir en arrière
les regrets sont des anémones
qui n'attendent que le remords
Je préfère les étoiles fidèles
et silencieuses et souveraines
qui sont les regards de la nuit
et les fleurs de mes meilleurs rêves

Doucement comme les loups
j'explore le domaine de chaque jour
et je découvre l'inconnu
je suis sans pitié
pour ce qui est identique
le pas à pas et le pas dans les pas
mais quelqu'un chante une rengaine
toujours plus loin de moi-même
toujours le même

TANT DE TEMPS

Le temps qui passe
Le temps qui ne passe pas
le temps qu'on tue
le temps de compter jusqu'à dix
le temps qu'on n'a pas
le temps qu'il fait
le temps de s'ennuyer
le temps de rêver
le temps de l'agonie
le temps qu'on perd
le temps d'aimer
le temps des cerises
le mauvais temps
et le bon et le beau et le froid et le temps chaud
le temps de se retourner
le temps des adieux
le temps qu'il est bien temps
le temps qui n'est même pas
le temps de cligner de l'œil
le temps relatif
le temps de boire un coup
le temps d'attendre
le temps du bon bout
le temps de mourir
le temps qui ne se mesure pas
le temps de crier gare
le temps mort
et puis l'éternité

QUAND ON REGARDE UNE MONTRE

Je n'ai pas fini d'espérer
infatigable comme une araignée vigilante
je guette pour les retenir
dans ma toile quotidienne
les joies du soir et du matin
qui filent à toute vitesse
Tant pis pour les chagrins et les douleurs
et les emmerdements
qui passent lentement
et qui s'accrochent

Oui mais voilà
je sais que je dois chaque jour
chaque heure
m'avancer vers cette falaise
et vers ce grand trou sans fond
je me retourne souvent
et j'aperçois très loin
le brouillard de ma naissance
Je suis le nomade qui marche la nuit
et qui attend le jour et l'oubli

AU CAFÉ DU COIN

Ne croyez pas si bien dire
affirme celui qui remplit les verres
d'un liquide rouge comme le sang

J'en sais pourtant plus long que vous
et c'est un scaphandrier qui vous parle
et je n'ai pas envie de me vanter

J'ai assez trinqué vous le savez
des mille et des cents et des milliers
ce n'est pas à moi de vous remercier

Je ne vous l'envoie pas dire
conclut celui qui vide les verres
en fermant les yeux et les poings

TOUT DE MÊME

Est-ce bien tout ce que je veux
cette petite lumière quotidienne
que je nomme aube
sans vouloir la regarder en face
mais que j'entends toujours
parce qu'elle annonce son arrivée
par le bruit du galop d'un cheval

Petite lumière de la vie quotidienne
qui réussit à vaincre le sommeil
et le dégoût de retrouver les mêmes choses
à la même place au même moment
aube vertueuse et tyrannique
plus maniaque que les vieilles femmes
fleur fanée du matin

Pauvre courage qui s'étire
charpie qui se gonfle de souvenirs
de remords et de repentir
courage du solitaire vaincu d'avance
avec ses pieds lourds son corps en lambeaux
sa tête vide dont le brouillard s'empare
Trois cent soixante-cinq aubes multipliées par x

CONSEILS AU POÈTE

Sois comme l'eau
celle de la source et celle des nuages
tu peux être irisé ou même incolore
mais que rien ne t'arrête
pas même le temps
Il n'y a pas de chemins trop longs
ni de mers trop lointaines
Ne crains ni le vent
ni encore moins le chaud ou le froid
Apprends à chanter
sans jamais te lasser
murmure et glisse-toi
ou arrache et bouscule
Bondis ou jaillis

Sois l'eau qui dort
qui court qui joue
l'eau qui purifie
l'eau douce et pure
puisqu'elle est la purification
puisqu'elle est la vie pour les vivants
et la mort pour les naufragés

VOUS OU MOI

L'homme qui regarde passer les trains
l'homme du bord de l'eau
l'homme qui ne peut rassembler un troupeau
l'homme de l'heure
l'homme qui ne sait pas qu'il est un homme
l'homme qui oublie
l'homme qui vit au jour le jour
l'homme du destin
l'homme qui n'a jamais le temps
l'homme qui rit et qui pleure
l'homme de la situation
l'homme qui n'ose pas dire son nom
l'homme aimé des femmes
l'homme qui crie dans le désert
l'homme qui se croit plus fort que les autres
l'homme qui n'en finit pas
l'homme canon
l'homme sans cœur ni tête

DONNEZ LA PAROLE AUX GÂTEUX

La lune n'est pas née d'hier
ni celle qui crie dans la nuit
Le silence n'existe pas ni la nuit
il y a toujours quelqu'un pour dire le contraire
Je chante et l'on n'écoute pas
je vois et l'on me croit pas
le jour le feu et la fumée
j'écoute le silence et le feu et la fumée
c'est chanter aux corneilles
c'est crier les mots qui n'ont pas de nom
et qui n'existent que pour ceux qui ne voient pas
Il faut toujours finir par se taire
Je parle comme on mendie
On sourit et l'on dit non et l'on s'en va
très vite
pour ne pas entendre
Mais écoutez vous tous
écoutez
pendant qu'il est encore temps
car un jour viendra
où je ne dirai plus un mot
c'est entendu

REMINISCENCIAS DE MEXICO

Ni son sol saturé de sang
ni son ciel éclaboussé et défié
n'ont pu vaincre
cette étoile jetée sur cette terre
où souffle la mort et la liberté
où la misère rampe et bafoue
les passants couverts de voiles d'or
Mequiquo
Autour de cette ville
où les hommes bruissent comme des insectes
les pierres grises grimacent
et les roses exhalent la douleur

Apprendre que la souffrance fait sourire
et qu'un homme sait porter le monde
sans broncher
à petits pas rapides comme s'il dansait
en penchant la tête
le front bandé de cordes
Enseigner que l'agonie est vaine
et qu'il ne faut pas craindre de mourir
aussi mal que l'on a vécu
le ventre vide
et les yeux mi-clos
Mequiquo

Savoir que la cruauté
délire comme un soleil
et qu'elle est patiente comme un serpent
comme un oiseau silencieux

Puisque je dois mourir demain
Pourquoi ne suis-je donc pas mort aujourd'hui
Mequiquo
c'est le cri que j'entends en prononçant ton nom
celui des nuits d'amour et son écho
celui qui accompagne le choc de la vie et de l'amour
et cette seconde où l'on sait que tout est fini
quand on sait que tu te dresses comme un fantôme
Mequiquo
et que tu flottes comme les rêves
comme une fleur de pierre sur un lac
fleur de pierre ensanglantée
fleur de sang qui flotte comme les rêves
en offrant ton odeur de clair de lune
ton auréole qui n'est que de la fumée
cette pluie de cendre et de soleil
ton allure d'astre
ta joie en feu
et ta couronne de pierreries
qui tourne autour du soir
Mequiquo
ville de l'aurore et du crépuscule
Pourquoi ne suis-je pas mort aujourd'hui
en voyant mon frère le cargador
porter cette nuit le soleil noir sur son dos
allant plus loin
plus loin que vous plus loin que moi
plus loin aussi
qu'il ne faut
puisque je dois mourir demain
et que lui ne sait plus où aller
où s'arrêter comme moi comme vous
dans les rues où les regards sont lointains
comme pour se rendre à un rendez-vous inventé
et qu'on ne sait pas où aller
demain ce soir tout à l'heure

Mequiquo
qui tournes en rond à la vitesse des étoiles
autour de ce cavalier de bronze
autour d'un arbre nommé de l'inquiétude
vers ce vertige d'où jaillit ton nom
suivant le cargador qui ne sait plus où aller
mais qui marche qui court qui galope
autour de toi autour de moi
comme la fumée le soleil et le souvenir
alors que tu étais plus belle que la nuit
plus belle que ce qu'on n'ose nommer
Mequiquo
à qui j'offre mes mains mon sang
puis qu'il faut tout de même qu'on sacrifie
ce qu'on n'ose nommer
et qui porta ton nom qui est ta renommée
et le souvenir de ce qu'on sait
alors que les morts sont comme des années
lourds comme des pensées informulées

Toi qui fais douter du jour et de la nuit

Faut-il donc s'approcher à pas de loups
pour t'aimer quand le temps passe à côté de soi
dans le bruit du ciel qu'on déchire
comme si l'on étouffait un homme qui est soi
au moment même où l'on se jette à la vie à la mort
et que tu commences à flamber
braises dorées d'où jaillissent les flammes et le sang
à la clarté des sacrifices silencieux
malgré la grande rumeur qui monte de la profondeur des temps

CHANSON DU LÉPREUX

Vous êtes laids
vous aussi
comme les sept péchés capitaux

Vous êtes laids
vous aussi
comme un miroir brisé en mille morceaux

Vous êtes laids
vous aussi
comme peuvent l'être les hommes et les animaux

vous êtes laids
vous aussi
comme le sont les marcassins les érudits et les veaux

L'OISEAU D'ENFER

Cet oiseau noir dans ma tête
Ne se laisse pas apprivoiser
Il est comme un nuage qui se défile
et qu'on n'attrape jamais
comme la fumée entre les doigts
et la brume sur les yeux

Et cependant je n'ose le confier à personne
et je le vois disparaître avec regret
Il s'accroche à tous les sourires
se pose sur les mains tendues
et se nourrit du sucre des paroles
sans même pousser un cri de joie

Longtemps j'ai essayé de ne pas le voir
de ne plus l'écouter quand il croasse la nuit
et qu'il déchire de ses serres
les filets de la certitude
Il est le fils de l'insomnie
et du dégoût mélancolique

Mon oiseau noir mon fidèle
la haine n'est pas ta cousine
Je te donne trois jours et trois nuits

CRÉPUSCULES

1960-1971

CENDRES

Tant de jours tant de gens
Tant de disparus d'oubliés
malgré les nuits qui n'en finissent plus
jusqu'à l'aube où l'on se cogne la tête
où l'on se retrouve comme la veille
les mains aussi vides que la tête
Il s'agit de serrer les poings
comme si de rien n'était
Un autre jour comme les autres
en attendant le lendemain
toujours le même et le même toujours
comme l'éternel refrain
de l'éternelle chanson
qui tourne sans trêve ni relâche
comme dans les rêves où l'on attend l'oubli
ou le néant

PÔLES

Comme la nuit est lente cette nuit
avec tous ces nuages qui passent si lentement
malgré les vents et les orages
Attendre encore l'aube et ce matin qui n'en finit plus
chaque battement de cœur
chaque doute qu'il faut vaincre
et vivre la nuit sans étoiles
la nuit qu'on appelle espérance ou désespoir
Et puis d'abord une petite lueur
puis une grande lueur
peut-être le crépuscule ou l'aube
quand on invoque un prénom
aube ou crépuscule
avant le silence qui est l'éternité
ou un seul regard
dont on ne peut même plus se souvenir
et qu'on ne sait pas oublier
pas un brouillard mais une clarté
qui vous guide dans le tumulte
une voix aussi une main aussi
qu'on attend toute la nuit toutes les nuits
pour dire adieu et à jamais

OÙ OU OU

Partir ailleurs
n'importe où
où ne voulons pas aller
dans une nuit où tout est difficile
pour ne pas savoir ni connaître
ce grand domaine où je ne sais pas retrouver
ni moi ni surtout les autres
Peut-être faut-il tuer tous les fantômes
mes fantômes et mes cauchemars
Il y a pourtant une heure
ou une seconde qui n'en finit pas
où je tends les mains
la dernière heure ou la dernière seconde
où l'on soupire comme on soupire le dernier soupir
Il faut tout oublier
tout et tout ou tout et tout
Dommage c'est dommage
puisqu'il suffit d'accepter
ce qu'on attend
depuis longtemps si longtemps
et c'est alors l'orage
avant le silence de la nuit
avant la mort ou la vie

OUTRE

Seul le long de ce chemin
qui n'a ni commencement ni fin
ce n'est plus la peine de sourire
et surtout de rire aux éclats
comme ce tigre qui n'ose ni mordre ni caresser

Seul tout seul
comme un grand comme un petit
à la poursuite des nuages
et de cette nuit qui n'a ni commencement ni fin

Tout seul pour l'abandon quotidien
et la lutte contre les rêves
et les cauchemars du jour et de la nuit
qu'on invente pour mieux souffrir
alors qu'il faudrait pouvoir oublier
tout oublier tout sauf la joie

Seul contre l'injustice
l'ennui et tout le reste
la vérité l'heure du réveil
alors qu'il est temps enfin
de savoir et de connaître
le jour qui déjà se lève

ANNÉE LUMIÈRE

Une étoile dans mes mains grandes ouvertes
Un regard une étincelle une joie
Des millions d'années lumière et une seconde
Comme si le temps était aboli
et que le monde entier se gonflait de silence

L'inconnu s'illuminait d'un seul coup
et cette lueur annonçait l'aurore
Tout était promis et clair et vrai
Un autre jour une autre nuit et l'aube
et que le monde était à portée de mes mains

Ne pas oublier ces angoisses ces vertiges
en écoutant ce qu'annonçait l'étoile
et en retrouvant ce chemin de feu
qui conduisait vers l'avenir et l'espoir
et vers ce que nul ni moi n'attendait plus

Que les nuages lourds comme le destin
s'étalent et menacent comme des monstres
et que l'horizon soit noir comme l'enfer
L'étoile brille pour moi seul
et tout devient lumière et clarté

Etoile qui me guide vers cet univers
où règnent la vérité et l'absolu

AUTANT SE TAIRE

Autant se taire
Faut-il se taire
ou inscrire sur le bleu du ciel
ces nuages de souvenirs
que la mémoire a déjà chassés
Tout est prêt pour l'oubli
qu'on appelle l'éternité
ou la seconde insaisissable
Tout pour le silence
et ce grand vide du sommeil
alors que les rêves vous accusent
et que le remords devient un compagnon
Le moment est-il venu
de refuser ce qui est inévitable
et d'accepter tant de temps perdu
contempler ses mains vides
comme si elles n'étaient que des sabliers
Passe le sable passe le temps
passent les secondes et les années

TOUJOURS APPRENDRE

Apprendre à mourir le travail de chaque jour
se souvenir des crépuscules et les aimer
en attendant le dernier le plus beau
l'incendie des années perdues oubliées
Savoir attendre même le désespoir
et regarder cet enfant ces enfants
qui s'éloigneront avant moi du rivage
où on les attend peut-être on ne sait jamais
C'est toujours peut-être lorsque la vie passe
et qu'il est temps de passer le temps
Faut-il encore choisir un masque un sourire
et se voir dans un miroir reconnaître
celui qui fut et qui bientôt sera

CAUCHEMARS ET RADOTAGES

Chaînes des chaînes partout
Fantômes des fantômes vêtus de feu
infatigables radoteurs
Hyènes des hyènes à visage d'homme
guetteurs intolérants
Ombres des ombres innombrables
rôdeuses du jour et de la nuit
Cauchemars les cauchemars brûlures
brûlures dans l'obscurité du soir et du matin
Cloches les cloches de l'orgueil et du destin
qu'on ne peut écouter ni oublier
Calomnies les calomnies qui collent à la peau
odeur de soufre et de misère
Soupçons les soupçons mauvais conseillers
bourreaux sans peur sans lassitude
Scrupules les scrupules sales insectes
carrousel des fins de journée,
Angoisses les angoisses qui s'approchent en douceur
qui s'accrochent comme des araignées
Déceptions espoirs en loques cendres éteintes
pour tout remettre en question et la vie même
Et le reste tout le reste innommable
La marée lourde des écumes et des vertiges des naufrages
Tout ce qu'on ne peut chasser à jamais
et qui vous condamne à l'étouffement sans phrases

TOUJOURS ET DÉJÀ

L'automne déjà déjà l'automne
et c'est déjà l'hiver
quand le monde se moque du monde
que l'univers n'est qu'un mot
que l'oubli nous guette sentinelle
au coin des bois au coin des rues
au coin du crépuscule et pour demain
ou pour un autre jour mais on ne sait pas lequel
C'est tant mieux ou tant pis tant pis
On ne peut jamais savoir l'heure exacte

GRAND INCENDIE

L'arc-en-ciel de la souffrance
de l'aube à l'aurore à midi
et jusqu'à la nuit depuis le crépuscule
Chaque minute compte chaque battement de cœur
chaque lueur chaque geste chaque souvenir
en attendant le sommeil insaisissable
ce fauve qu'on ne peut rejoindre
et qui va disparaître dans le brouillard
qu'il faudra poursuivre sans espoir de le rejoindre
Et tout à coup l'incendie de la haine

VALSES

Un prénom cendre d'un souvenir
lumière qui s'éteint et s'éteindra
nuage qui se dissipe déjà et pour toujours
Presque rien qu'un regret mort-né
auréole qui n'existait même pas
que dans les mains que l'on offrait
dans la douceur de l'automne
C'est l'hiver qu'on aimait
comme une valse lente d'autrefois
« Lorsque tout est fini »
ou bien ou bien ou bien
une autre valse chez un antiquaire
« Quand l'amour meurt »
Enfant on ne pouvait pas comprendre
ces refrains qu'on ne peut tout de même pas oublier
et qui demeurent comme une couronne d'épines
couronne de souvenirs oubliés

CHANSON POUR DES FANTÔMES
ET POUR CELLES QUI ONT DISPARU

Aujourd'hui ce sont des mains que j'aime
Hier c'était une nuque
Demain ce seront des lèvres
et le soir un sourire
Dans trois jours un visage
Enfin chaque jour de la semaine
je m'émerveillerai de vivre encore
je me souviendrai peut-être lundi de votre démarche
et mardi sans doute des cheveux
Il faudra aussi écouter la voix
celle des fantômes
celle qui hésite celle qui persuade
que la vie n'est pas si atroce
que je voulais le croire tout à l'heure
mercredi tout oublier
Mais jeudi c'est un parfum
qu'on ne peut oublier
le parfum de l'arc-en-ciel
Les autres jours
Tous les autres jours
j'ai promis
de ne rien dire qu'à moi-même

ARRÊT BRUSQUE

Se battre contre le brouillard
les couleurs du crépuscule
Tous les parfums de l'oubli
et avancer sur ce chemin
dont on devine déjà la fin
à tâtons une canne à la main
Faut-il attendre la nuit qui tombe
ou le lever du jour le lendemain
et tous les autres lendemains
étendre sans cesse les bras
pour mieux crier ou se taire
pour se heurter une fois de plus
à ce mur qu'on nomme l'inconnu
avant d'atteindre le bord du gouffre
et le silence absolu
l'oubli de l'impossible retour
aveugle sourd muet paralytique
dont les mains sont vides comme les yeux
et la tête qui ne sait plus où se donner
pour marcher sans savoir où s'arrêter

JUSQUE

Par milliers millions milliards
voie lactée incalculable
forêt chaque arbre un rappel
chaque campanule autant de cloches
dans les prés du souvenir
chaque nuage jamais retrouvé
dans le ciel de la mémoire
écumes que l'océan impose
pour toutes les marées
celles de la honte du désespoir
de la mélancolie
et les vagues de regrets de remords
qui se brisent quand vient la nuit
Orages oubliés éclairs de colère
éclairs des déchirements
le sang coulera-t-il longtemps
le prochain orage qu'on n'attendait plus
plus jamais
Et pourtant le premier coup de tonnerre
la même catastrophe et la même chanson

ÉTERNEL AUTOMNE

Ecraser les souvenirs comme les feuilles mortes
feuilles mortes couleur de crépuscule
déjà pourritures multicolores et nécessaires
au pied des arbres dépouillés
et qui doivent refleurir après un long silence
le long silence de l'espoir après le désespoir
toujours la même chanson la même saison
celle où l'on brûle les fleurs les fruits les feuilles
toutes les branches qu'il faudra couper
et les scier pour qu'on n'en parle plus jamais
plus jamais comme si rien n'avait été
et qui ne sera jamais plus enfin
enfin jamais plus puisqu'il faut finir
et qu'ainsi tout est pour le mieux
qu'on n'est plus obligé de choisir
Choisir les fumées que dévorera le vent

TABLE

POÉSIES (1917-1937)

Table   287

MESSAGE DE L'ÎLE DÉSERTE (1942-1944)

ODES (1943-1946)

CHANSONS (1949)

Table 289

SANS PHRASES (1953)

CRÉPUSCULES *(1960-1971)*

Dans la collection
Les Cahiers Rouges

(dernières parutions)

Imprimé en France
par la SOCIÉTÉ NOUVELLE FIRMIN-DIDOT
Première édition, dépôt légal : janvier 1987
Nouveau tirage, dépôt légal : février 1993
N° d'édition : 9052 - N° d'impression : 23011
ISBN : 2-246-16422-2
ISSN : 0756-7170